W0056483

Thomas Mirow (Hrsg.)

Demokratie in Bedrängnis: Warum wir jetzt gefragt sind

Berichte zur Lage der Nation

MURMANN

Klimaneutral
Druckprodukt
ClimatePartner.com/12752-1803-1001

Zum Ausgleich für die entstandene CO2-Emission bei der Produktion
dieses Buches unterstützen wir den Betrieb eines Wasserkraftwerks im
Virunga-Nationalpark im östlichen Kongo. Das Projekt trägt zum Klimaschutz bei, indem auf die Abholzung des tropischen Bergregenwaldes
zur Holzkohlegewinnung verzichtet wird und der Lebensraum der letzten
Berggorillas in freier Wildbahn erhalten bleibt. Der gewonnene Strom
wird in das lokale Stromnetz eingespeist und dient als Alternative zur
Holzkohle.

Bibliografische Information der Deutschen Nationalbibliothek
Die Deutsche Nationalbibliothek verzeichnet diese Publikation in der
Deutschen Nationalbibliografie; detaillierte bibliografische Daten sind
im Internet über http://dnb.d-nb.de abrufbar.

Das Werk einschließlich aller seiner Teile ist urheberrechtlich geschützt.
Jede Verwertung ist ohne Zustimmung des Verlages unzulässig. Das gilt
insbesondere für Vervielfältigungen, Übersetzungen, Mikroverfilmungen
und die Einspeicherung und Verarbeitung in elektronischen Systemen.

Der Verlag weist ausdrücklich darauf hin, dass er, sofern dieses Buch
externe Links enthält, diese nur bis zum Zeitpunkt der Buchveröffent-
lichung einsehen konnte. Auf spätere Veränderungen hat der Verlag
keinerlei Einfluss. Eine Haftung des Verlags ist daher ausgeschlossen.

Copyright © 2021 Murmann Publishers GmbH, Hamburg
Lektorat: Evelin Schultheiß, Kirchwalsede
Druck und Bindung: Steinmeier GmbH & Co. KG, Deiningen
Printed in Germany

ISBN 978-3-86774-707-3

Besuchen Sie unseren Webshop: www.murmann-verlag.de
Ihre Meinung zu diesem Buch interessiert uns!
Zuschriften bitte an info@murmann-publishers.de
Den Newsletter des Murmann Verlages können Sie anfordern unter
newsletter@murmann-publishers.de

INHALTSVERZEICHNIS

Zu diesem Buch
Von Thomas Mirow

Die Deutsche Nationalstiftung legt hiermit im zweiten Jahr *Berichte zur Lage der Nation* vor. Wir wollen damit erneut unseren Stiftungsauftrag erfüllen und zum Nachdenken anregen: über den Zusammenhalt unserer Gesellschaft, über die Festigung unserer Demokratie, über den weiteren Weg Deutschlands in einem vereinten, freiheitlichen Europa.

Europas Demokratien sind herausgefordert wie lange nicht – im Innern und von außen. Über Jahrzehnte bewährte Erfolgsmuster haben an Überzeugungskraft verloren. Allenthalben ist Verunsicherung zu spüren.

In der Mitte der Gesellschaft, auch in Deutschland, machen sich Zweifel breit, ob unsere Demokratien schlagkräftig genug sind, um sich im globalen Wettbewerb der Systeme zu behaupten. Nicht wenige befürchten, unsere Verfassungssysteme könnten untauglich sein, um über grundlegende politische Weichenstellungen – etwa zur Bekämpfung der Klimakrise oder gefährlicher Pandemien – zügig zu entscheiden und diese dann auch umzusetzen. Andere halten im Zeitalter sozialer Medien das Prinzip der repräsentativen Demokratie selbst für nicht mehr zeitgemäß, sehen die Ära großer, stabiler Parteien als beendet an und setzen auf mehr direkte Demokratie, zum Beispiel im Wege häufiger Volksbefragungen. Viele verweisen auf tiefe gesellschaftliche

Spaltungen: zwischen Gewinnern und Verlierern der Globalisierung, zwischen Arm und Reich, zwischen gut Informierten und einer – oft lautstarken – Minderheit, die Falschmeldungen Glauben schenkt, zu Verschwörungstheorien neigt und sich in selbstreferentiellen Echokammern einigelt.

Nicht zu übersehen ist: In zahlreichen Ländern »des Westens«, aber auch in anderen Teilen der Welt, in denen die Demokratie unaufhaltsam auf dem Vormarsch schien, haben sich autoritäre Kräfte zu gefährlich einflussreichen Parteien und Bewegungen formiert.

In Deutschland konnte eine rechtspopulistische, in Teilen rechtsextreme und demokratiefeindliche Partei in alle 16 Landesparlamente einziehen und in der abgelaufenen Legislaturperiode die größte Oppositionsfraktion im Deutschen Bundestag stellen. Vor allem die Wahlergebnisse in den östlichen Bundesländern sind besorgniserregend, auch weil sie die Bildung kohärenter, stabiler Regierungen nahezu unmöglich machen. Dem zugrunde liegt offensichtlich keine schnell vorübergehende Augenblicksstimmung. Auch wenn es nicht an AfD-Erfolgen im Westen mangelt – die Größenordnung der Unterstützung, die Qualität der gesellschaftlichen Verankerung unterscheiden sich doch signifikant. In ihrem jüngsten Jahresbericht zum »Stand der Deutschen Einheit« diagnostiziert die Bundesregierung »eine in den neuen Ländern ... durchgängig skeptischere, distanziertere und auch kritischer ausgeprägte Grundeinstellung gegenüber Politik«.

Verunsicherung und Spaltungstendenzen in den Demokratien werden von außen verstärkt. Autoritär geführte Staaten nehmen auf vielerlei Wegen Einfluss, um demokratische Kräfte und Strukturen weiter zu schwächen: Regierungen werden mit billigen Krediten für große Infrastrukturprojekte gelockt, rechte Parteien demonstrativ hofiert, Internetplattformen und Fernsehkanäle als Propagandainstrumente missbraucht, mehr oder weniger verdeckt hoch komplexe Cyberattacken gestartet. Das Ziel: die Diskreditierung demokratischer Prinzipien sowie die Schwächung demokratischer Bündnisse und Zusammenschlüsse, insbesondere der Europäischen Union, um sich so Vorteile im geostrategischen Wettstreit der Mächte zu sichern. Dabei geht es um viel. Das kommunistische China, über Jahrzehnte auf seinen wirtschaftlichen Wiederaufstieg konzentriert, sieht sich heute auf dem Weg zu *der* führenden Macht des 21. Jahrhunderts. Russland geht es – ungeachtet seiner endemischen ökonomischen Schwäche – um eine zumindest partielle Rückgewinnung des mit dem Untergang der Sowjetunion verlorenen Weltmachtstatus. Und die von einem autoritär agierenden Präsidenten geführte Türkei spannt alle Kräfte an, um sich als starke Regionalmacht zu etablieren, im Mittelmeerraum, im Nahen Osten, im Kaukasus – bis hin zu Afghanistan.

Der einst für sicher gehaltene globale Siegeszug der Demokratie ist vielerorts zu einem abrupten Halt gekommen und andernorts angeschlagen. Die große, traditionsreiche Demokratie der Vereinigten Staaten von Amerika leidet seit Langem unter einer früher undenkbaren politischen Polarisierung und wurde durch den Sturm auf das Kapitol am 6. Januar 2021 bis in ihre Grundfesten erschüttert.

Was also muss geschehen?

Demokratien ohne Demokraten können nicht bestehen. Ohne Verankerung in einer demokratischen Kultur, in einer demokratischen Zivilisation kann auf Dauer auch die beste Verfassung Recht und Freiheit nicht verlässlich schützen. Das Schicksal der Weimarer Republik hat uns das in Deutschland auf bitterste Weise gelehrt.

Doch geht es dabei vorrangig nicht um eine abstrakte Wertedebatte. Demokratien werden umso stabiler sein, je besser es ihnen gelingt, die ganz konkreten Erwartungen der Gesellschaft an ein funktionierendes

Gemeinwesen zu erfüllen. Bürger und Bürgerinnen registrieren sehr genau, ob die Regierung eine schlüssige Klimastrategie verfolgt. Ob sich in einer Pandemie das Gesundheitssystem bewährt. Ob es gelingt, Menschen so gut es geht vor Naturkatastrophen zu schützen. Ob Kriminalität und Terrorismus konsequent bekämpft werden. Ob die öffentliche Infrastruktur, auch im ländlichen Raum, berechtigten Ansprüchen genügt. Ob staatliche Verwaltungen bürgernah und zeitgemäß arbeiten. Ob ein Steuersystem effizient und gerecht ist. Ob das Rentensystem Altersarmut verhindert und Demografie fest ist. Ob bei der Zuwanderung die Balance zwischen eigenen Interessen und humanitärem Schutz stimmt und Integration im Alltag vor Ort funktioniert.

Vertrauen in die Kompetenz öffentlicher Institutionen und in die Unbestechlichkeit ihrer Repräsentanten ist das unentbehrliche Fundament für demokratische Stabilität. Politik und Verwaltung tragen dafür eine besondere Verantwortung. Aber auch alle anderen, die Wert auf ein freiheitliches Gemeinwesen legen, sollten wissen, dass die Vitalität unserer Demokratien immer wieder neu gestärkt werden muss: mit frischen, tauglichen Ideen und mit aktivem bürgerschaftlichen Engagement.

Davon handelt dieser Band: Wir haben führende europäische Köpfe – unter ihnen wiederum vier Mitglieder des Senats der Deutschen Nationalstiftung – gebeten, die Herausforderungen unserer Demokratie zu analysieren und durchdachte Empfehlungen für ihre Festigung zu formulieren.

Der Soziologe Armin Nassehi arbeitet in seinem Grundsatzbeitrag die Stärken der repräsentativen Demokratie heraus, die es zu bewahren gilt, und empfiehlt zugleich, durch zusätzliche interdisziplinäre Beratungsgremien »die Logik der Repräsentation« zu erweitern.

Laura Spinney, britische Autorin eines erfolgreichen Buchs über die Spanische Grippe zu Beginn des 20. Jahrhunderts, legt dar, wie Demokratien trotz ihrer oft langwierigen Entscheidungswege bei der Bekämpfung von Pandemien nicht hinter autoritären Regimen zurückstehen müssen.

Ottmar Edenhofer vom Potsdam-Institut für Klimafolgenforschung argumentiert anhand konkreter Vorschläge, wie es in der Demokratie gelingen kann, die für eine Klimawende erforderlichen Maßnahmen zu ergreifen.

Xiaoqun Clever, eine deutsche IT-Managerin, die als junge Erwachsene ihr Geburtsland China verlassen hat, ist überzeugt, dass die Demokratie die Digitalisierung braucht, und fordert, sie energischer zu nutzen.

Dennis Snower, viele Jahre Präsident des Instituts für Weltwirtschaft in Kiel plädiert für eine drastische Neuorientierung unseres Wirtschaftssystems als Bedingung für die Erhaltung unserer Demokratie.

Ines Geipel, in DDR-Zeiten eine bekannte Leichtathletin und heute erfolgreiche Publizistin, setzt sich mit den Belastungen auseinander, die Jahrzehnte autoritärer Herrschaft für die Verankerung der Demokratie in Deutschland bedeuten.

Janusz Reiter, unserem Land seit Langem als polnischer Diplomat und Intellektueller eng verbunden, untersucht die komplexe Frage, warum das westliche Demokratiemodell auch in Mitteleuropa stark an Strahlkraft verloren hat.

Marion Ackermann, Generaldirektorin der Staatlichen Kunstsammlungen Dresden, umreißt – gestützt auf ihre Erfahrungen im Freistaat Sachsen – den besonderen Beitrag, den Kunst und Kultur für eine freiheitliche Demokratie leisten können.

Gemeinsam ist allen Beiträgen die Überzeugung, dass auch Deutschland vor großen Veränderungen steht, die entschlossen angegangen werden müssen, sollen die Herausforderungen unserer Zeit bewältigt und unsere Demokratie nachhaltig gesichert werden.

Thomas Mirow

Allen Autorinnen und Autoren danke ich herzlich für ihre wertvollen, gedankenreichen Beiträge, die überwiegend im Laufe des Frühjahrs 2021 verfasst wurden. Mein Dank gilt darüber hinaus Agata Klaus, der Geschäftsführerin unserer Stiftung, für die umfassende Betreuung des gesamten Projekts, der ZEIT-Stiftung für eine hilfreiche Förderung, unseren Partnern beim Murmann Verlag für ihre engagierte verlegerische Unterstützung und ganz besonders Christoph Bertram, der mit seinen konzeptionellen Ideen und seiner präzisen Redaktionstätigkeit maßgeblich zum Entstehen dieses Bandes beigetragen hat.

Mit Blick auf die Vielfalt von Meinungen zu einer gendergerechten Sprache hat der Herausgeber auf die Vorgabe einheitlicher Richtlinien verzichtet. Die Texte spiegeln auch insofern das individuelle Sprachgefühl der Autorinnen und Autoren wider.

Vom »Role Model« zum Auslaufmodell?

Kann die repräsentative Demokratie die Konfliktlinien in unserer Gesellschaft heute noch abbilden und einhegen?

Von Armin Nassehi

Überhaupt diese Frage! Muss man sie stellen? Ja, sie muss gestellt werden, und am Anfang lohnt sich vielleicht ein Blick von außen, gewissermaßen ein Umweg zur Erhöhung der Kenntlichkeit. Die Selbstkritik der repräsentativen Demokratie ist ohnehin etwas, das ihr eingeschrieben ist, denn in der Demokratie ereignen sich Herrschaft und Machtausübung, kollektiv bindende Entscheidung und ihre Durchsetzung nicht einfach – sie machen sich selbst zum Thema. Der Umweg soll ein (erwartbarer) historischer Umweg sein, aber auch ein (weniger erwartbarer) räumlicher – der erste führt nach Athen ins vierte vorchristliche Jahrhundert, der zweite nach China im 21. Jahrhundert und am Ende führt er nach Freiburg.

Athen: Teilung der Macht

Es hat fast etwas Rituelles, Erörterungen über die (westliche) Demokratie damit zu beginnen, diese sei gewissermaßen als Erbe dem abendländischen Denken und Tun tief eingeprägt. Dabei ist die Praxis der Athenischen Demokratie weit davon entfernt, der »repräsentativen Demokratie« zu entsprechen, wie wir sie hier befragen wollen. Dennoch gibt es eine Kontinuitätslinie von den athenischen Wurzeln der Demokratie hin zu unseren Tagen. Dabei geht es weniger um die Demokratie als ein Verfahren der Entscheidungsfindung und der Legitimation solcher Entscheidungen, sondern um die Herausbildung dessen, was bis heute »Politik« heißt. In den Worten des Historikers Paul Nolte heißt es über die Politik der Athener: »Politik war danach nicht mehr mit einem faktischen System von Herrschaft identisch; sie trat aus der Normalität, aus der scheinbaren Natürlichkeit der Lebensverhältnisse heraus und etablierte sich als eine eigene Sphäre, in der man sprechen, debattieren und entscheiden konnte.«[1]

Es ist gewissermaßen der Einbau einer folgenreichen gesellschaftlichen Selbstbeschreibung in den gesellschaftlichen Prozess. Gemeint war damit noch gar nicht eine Form von Staatlichkeit. Aber wenigstens erwuchs die Idee, dass die gute Ordnung nicht, wie noch von Platon präferiert, durch den gerechten und vernünftigen Staatsmann zu garantieren sei, sondern durch die Beteiligung der Bürger, die die Teilung der Macht und den Wechsel in der Verantwortung verlangt und nicht etwa nur unmittelbare Demokratie.

Für Aristoteles war die Demokratie, verstanden als die bloße Mehrheitsherrschaft, zwar in der Lage, die Mehrheit zufriedenzustellen, droht dann aber womöglich an Kompetenzfragen und leicht zu beeinflussenden Stimmungen des Wahlvolks zu scheitern. Das bloße Mehrheitsprinzip löst noch keine Probleme – und dieser Gedanke reicht tatsächlich von Aristoteles und dem griechischen Historiker Polybios, der die *Ochlokratie*, also die Herrschaft der Masse und des Pöbels anprangert, bis zu Alexis de Tocquevilles Kritik an der *Tyrannei der Mehrheit*. Aristoteles hat konsequenterweise die Lösung in der *Politie* gesehen, einer Mischform aus Demokratie im Sinne des bloßen Mehrheitswillens und der Oligarchie politischer Entscheidungsträger. Diese Mischform erlaubt es der Mehrheit, durch Wahl der Entscheidungsträger einerseits mitzuentscheiden, andererseits vom tagespolitischen Entscheidungsgeschäft ferngehalten zu werden.[2]

Die Legitimations- und Kompetenzbasis der *repräsentativen* Demokratie liegt darin, tatsächlich jenen Demos abzubilden, der zugleich herrschen und beherrscht werden soll.

Das Problematische an der Demokratie ist nach diesem Verständnis einerseits das Verhältnis von Legitimation zu Kompetenz, andererseits das Verhältnis der politischen Sphäre zu ihren gesellschaftlichen Voraussetzungen. Das ist exakt die Frage der *repräsentativen* Demokratie, deren Legitimations- und Kompetenzbasis darin liegt, tatsächlich jenen Demos abzubilden, der zugleich herrschen und beherrscht werden soll. Dass dieses Verhältnis nicht unproblematisch ist, liegt an der gesellschaftlichen Funktion des Politischen, auf die zurückzukommen ist. Jedenfalls lässt sich die repräsentative Demokratie nicht mit dem bloßen Hinweis rechtfertigen, eine vollständige Demokratie müsse den Demos vollständig abbilden und repräsentieren. Denn offensichtlich fügt die Demokratie diesem Demos etwas hinzu, was er selbst nicht enthält. Und offensichtlich ist die politische Demokratie von etwas abhängig, das sie selbst nicht voraussetzen kann.

Peking: Im Zentrum die Gesamtheit, nicht der Einzelne

Die westliche sozialwissenschaftliche und philosophische Debatte über die Bedeutung der repräsentativen Demokratie ist zumeist eine sehr selbstbewusste Debatte. Niemals lässt sie Alternativen zur demokratischen Herrschaftsform auf theoretischer und normativer Augenhöhe zu, auch wenn die Geschichte der westlichen politischen Systeme ihre Selbstdementierung in faschistischen Systemen, im Nationalsozialismus von rechts sowie im Stalinismus und der kommunistischen Ideologie von links zur Genüge unter Beweis gestellt hat. Es ist womöglich dieser innere Konflikt des Westens, der den Blick nach außen erschwert; man erkennt im Spiegel undemokratischer und autokratischer Herrschaft mehr an Eigenem, als man es sich wünschen würde. Deshalb entlastete die eigene dunkle Geschichte womöglich davon, diese Herausforderungen wirklich ernst zu nehmen. Im Selbstbild scheint sich mit der westlichen repräsentativen Demokratie eine zumindest normativ alternativlose Form etabliert zu haben, von der abzuweichen allenfalls eine empirische Evidenz besitzt, aber sicher keine guten Gründe.

Freilich haben sich die Verhältnisse geändert. Alternativmodelle zur westlichen liberalen Demokratie lassen sich beim besten Willen nicht mehr bloß als fehlerhafte Alternativen abtun, die trotz geschichtsphilosophischer Zuversicht den entsprechenden Standard nur noch nicht erreicht hätten. Das fängt in der postkolonialen Kritik des westlichen Selbstbewusstseins an und führt über die Neubetrachtung der kanonischen Schriften des Westens bis zur feministischen Kritik und rassismuskritischen Zurückweisung des universalistischen Modells.

All diese Herausforderungen lassen sich noch in der Weise integrieren, dass etwa die Kritik an einer mangelnden Repräsentation von Frauen, People of Color oder diverser Minderheiten letztlich auf Erfüllung der liberalen und universalistischen Versprechen der Einbeziehung aller zielt. Solche Kritik ist im Wesentlichen Selbstkritik, sie wirft ihrem Gegenstand vor, seinen eigenen Standards nicht gerecht zu werden, und zehrt von dem, was sie kritisiert. Noch das identitätspolitische Pochen auf Anerkennung partikularer Ansprüche nährt sich am universalistischen Repräsentationsmodell, auch wenn es sich in unauflösbare Paradoxien verstrickt beim Versuch, den Universalismus mit partikularistischer Verve zu erreichen. Das galt rhetorisch sogar für die inzwischen kaum mehr relevante linke und realsozialistische Kritik der westlichen »kapitalistischen« Demokratie, die wenigstens semantisch zumeist den Terminus des Demokratischen in Anspruch nahm.

Inzwischen gibt es selbstbewusste politische Konzepte, die nicht bloß die eigene kulturelle Inkompatibilität mit dem individualistischen Westen ins Feld führen, sondern ebenso die Dysfunktionalität der westlichen Demokratie.

Aber inzwischen finden sich auch selbstbewusste, hochnormative politische Konzepte, die nicht defensiv bloß die kulturelle Inkompatibilität mit dem individualistischen Westen ins Feld führen, sondern ihrerseits die Dysfunktionalität der westlichen Demokratie zum Ausgangspunkt der eigenen Argumentation machen. Wer diese Form des Denkens verstehen will, sollte das kürzlich ins Deutsche übersetzte Buch des Philosophen Zhao Tingyang lesen, der an der Chinesischen Akademie der Sozialwissenschaften und an der Universität Peking lehrt. Es ist die selbstbewusste Verteidigung einer Gesellschaftsordnung ohne Massendemokratie mit marktkritischen Elementen.

Zhaos Buch ist keineswegs eine defensive Rechtfertigung der chinesischen Autokratie gegen die normativen Ansprüche des Westens, sondern eine offensive Kritik an deren inneren Widersprüchen. Dieses

Denken kommt einer naturrechtlichen Ordnungsvorstellung am nächsten – und wenn man das Buch mit seiner neokonfuzianischen Perspektive unvoreingenommen liest, fühlt man sich an die gegenrevolutionäre Attitüde eines Joseph de Maistre erinnert.[3] Wie dieser spricht auch Zhao dem »Egoismus die Berechtigung« ab, die Welt selbst gestalten zu wollen, und zwar durch »Maximierung des eigenen Nutzens«. In ihr sieht er vor allem die »Unterwerfung der Natur unter grenzenlose Entwicklung« und also die »Zwangsläufigkeit allen Übels«.[4]

Man muss zugeben: Allzu fremd klingt das nicht. Für Zhao ist der Populismus, dessen Wortführer gerade mit demokratischen Mitteln ins Amt gewählt werden können und werden – die Beispiele liegen vor Augen –, ein Hinweis darauf, dass es die innere Verfasstheit der Demokratie selbst sei, die die Falschen ins Amt wähle und mit Macht ausstatte. Die Demokratie transformiere sich in eine »Publikratie«[5], weil Grundlage des Demokratiekonzepts nicht die Repräsentation des Ganzen, sondern die der unterschiedlichen Einzelinteressen sei. Zhao zeigt an Thomas Hobbes' Konzept, dass dieses seinen Ausgangspunkt an der Differenz der Perspektiven nehme, zwischen denen letztlich (wenn auch nur potenzielle) staatliche Gewalt vermitteln müsse. Der Fehler liege schon im Ausgangspunkt des Denkens, nämlich mit der Existenz des Individuums zu beginnen, also mit dem Problem statt der Lösung.

»Die Koexistenz geht der Existenz voran, mit anderen Worten, die Koexistenz ist die Voraussetzung der Existenz.«

Zhao bezieht sich dabei auf den antiken konfuzianischen Philosophen Xunzi, ein Zeitgenosse von Aristoteles: »Anders als Hobbes sah Xunzi im Urzustand ein Gen der Kooperation, die Gruppe gehe dem Individuum vor.«[6] Daraus folgt ein »ontologisches Prinzip: *Die Koexistenz geht der Existenz voran,* mit anderen Worten, *die Koexistenz ist die Voraus-*

setzung der Existenz.«[7] Einer Demokratie bedarf es dann gar nicht, weil diese ja nicht das Gemeinsame verwalte, sondern gerade die Differenz unterschiedlicher Ansprüche, Interessen, Meinungen, Lebensformen und dergleichen anstachele. Die Demokratie befördert nach diesem Verständnis sogar das Trennende, weil sie gerade den Differenzen einen Wert gibt, nicht der Einheit und dem »Kriterium der vollständigen Einbeziehung«.[8] Zhao meint also, die Demokratie versuche letztlich, ein Problem zu lösen, das sie selbst erst erzeugt, und macht das Christentum mit seiner Hervorhebung des Individuums als Ebenbild Gottes dafür verantwortlich, universelle und oberste Prinzipien einer monotheistischen Ordnungsvorstellung gegen alles andere, also das Partikularistische, durchzusetzen. Gegen Universalismus als Legitimation zur Einstufung des Anderen setzt Zhao »Kompatibilität«: »Die Politik muss dem Himmel entsprechen, nicht einem Gott.«[9]

Man kann Zhao durchaus als einen staatsnahen Philosophen lesen, der die chinesische Autokratie rechtfertigt und dem Westen nicht nur vorhält, mit seinem demokratischen Verfahren keineswegs gegen Inkompetenz, politische Hasardeure und starke innergesellschaftliche Konflikte gefeit zu sein, sondern zudem die Gesellschaft nicht wirklich erreichen und mitnehmen zu können, man denke an seine mangelnde Krisenkompetenz bei Klimawandel oder Migrationsfragen.

Die Kritik ist nicht von der Hand zu weisen. Sie ähnelt in ihrer meritokratischen Tendenz durchaus den Bedenken des Aristoteles, ob das Demokratieprinzip in der Lage sei, kompetente Akteure an die Macht zu bringen, die weder von ihren Partikularinteressen, noch von ihrem Unwissen korrumpiert werden. Das Problem der Demokratie, so Zhao, bestehe also in dem Zweifel, ob die richtigen Personen und die richtigen Konzepte zum Zuge kommen könnten. Dass das nicht immer der Fall ist, ist kaum zu bestreiten. Zugleich räumt Zhao aber ein, dass es in jeder komplexen, modernen Gesellschaft Zielkonflikte und widerstreitende Interessen gibt, die nur unter einer entscheidenden Voraussetzung versöhnt werden könnten: »Ein System ist dann und nur dann legitim, wenn es der Volksseele entspricht.«[10]

Es ist hier nicht der Ort, darüber zu räsonieren, ob diese Argumentation an einer Petitio Principii laboriert, aber es gilt doch, auf eine empirische und eine normative Falle hinzuweisen, die dieses neokonfuzianische Konzept der »Tianxia« enthält. Die empirische Falle ist die Frage, ob und wie sich ein Zustand »vollständiger Einbeziehung« einstellen kann, die normative Falle besteht in der Frage, wer darüber entscheidet, was jener »Volksseele« entspricht und wie mit Abweichungen davon umzugehen ist. Die chinesische Praxis jedenfalls vermag beide Fragen nicht befriedigend zu beantworten. Denn auch sie steht vor der zu klärenden Herausforderung, wie viel gesellschaftliche Kohäsion vorausgesetzt werden kann und muss, damit Konflikte gelöst werden können. Oder anders formuliert: Wenn, wie für Zhao, die Demokratie als ein Verfahren zur Verarbeitung und zum Ausgleich *unterschiedlicher* Perspektiven und Interessen prinzipiell ausgeschlossen ist, bleibt es dann eher eine Frage der unmittelbaren Macht und des Ausschlusses von Differenzen und Kritik, ob man den »Himmel auf die Erde« holen kann.[11] Die Demokratie beginnt eben nicht im Himmel, sondern auf der Erde – und muss ihre Probleme mit terrestrischen Mitteln lösen.

Freiburg: Böckenfördes Gesetz

Hat der bisherige Weg von Athen nach Peking geführt – und dabei durchaus in den Grundfragestellungen nach Athen zurück –, muss er nun in den Westen, genau genommen den Südwesten Deutschlands verlängert werden. Kaum eine staatswissenschaftliche Debatte kommt heute ohne Rekurs auf den berühmten Satz des Freiburger Staatsrechtlers Ernst-Wolfgang Böckenförde aus: »So stellt sich die Frage nach den bindenden Kräften (in unserem Gemeinwesen) von neuem und in ihrem eigentlichen Kern: *Der freiheitliche, säkularisierte Staat lebt von Voraussetzungen, die er selbst nicht garantieren kann.*«[12] Böckenförde beschreibt hier die Folge jenes Säkularisationsvorgangs, der nicht nur zu einer operativen und semantischen Trennung von Politik und Kirche/Religion geführt hat, sondern auch bewirkt, dass die zuvor religiös und konfessionell gestifteten gesellschaftlichen Bindungskräfte nun eben säkular, also irdisch gestiftet werden müssen. Es führe »kein Weg über die Schwelle von 1789 zurück, ohne den Staat als die Ordnung der Freiheit zu zerstören«.[13]

Schon diese einfache Formulierung macht den Unterschied deutlich. Nicht die All-Einheit einer Volksseele ist, anders als bei Zhao, hier Ausgangspunkt. Der bietet letztlich einen quasi-religiösen konfuzianischen Säkularismus an, der es dem Staat leicht macht, immer schon das Allgemeine zu repräsentieren; dem Volk werden innere Konflikte oder gar Widerspruch gar nicht zugemutet und dies dann als Legitimation für die autoritäre Herstellung von Einheit benutzt. Böckenförde dagegen rechnet mit Differenzen und Konflikten, er sieht auch den quasi-religiösen Charakter der »Nation«, der einst die inneren Widersprüche zu verdecken in der Lage war, aber nun, in säkularer Verfassung, das Unterschiedliche irgendwie zusammenbringen muss.[14] Das Ambivalente am Konzept der Nation ist eben, dass diese neben einem ausschließenden auch ein emanzipatorisches Element in sich trägt, weil die Nation in einer von Ungleichheit geprägten Gesellschaft Gleichheit und Gleichberechtigung versprechen kann. Gerade deshalb stellt sich die Frage, welche Voraussetzung die vorpolitischen, nichtpolitischen Sphären der Gesellschaft erfüllen müssen, damit der Staat politische Konflikte demokratisch austragen kann. Hier erst sind wir bei der Repräsentationsfrage angekommen.

Wen und was muss die Demokratie repräsentieren?

Die Frage nach der Relevanz der repräsentativen Demokratie würde unterschätzt, beschränkte man sie darauf, zu klären, ob parlamentarische Verfahren oder das Angebot an Parteien oder der gesetzliche Minderheitenschutz tatsächlich die gesamte Bevölkerung entsprechend abbilden könnten.[15] Denn dies würde bedeuten, dass man die zu repräsentierende Gesellschaft gewissermaßen als gegeben hinnimmt, um sie dann politisch zu repräsentieren, als seien Interessen, Milieus und Gruppen schlicht vorpolitisch schon vorhanden. Das neokonfuzianische Modell kann so denken und dabei mit der Voraussetzung einer Volksseele jenen zu repräsentierenden Raum schon vordefinieren und quasireligiös untermauern. Es würde, ganz anders als bei Böckenförde, in der Konsequenz die Voraussetzungen *politisch* garantieren, die in einer liberalen und pluralistischen Gesellschaft zwar politisch miterzeugt, aber eben nicht staatlich garantiert oder gar kontrolliert werden können.

Politik kann nicht einfach Macht ausüben, sondern muss diese Macht in der Gesellschaft umsetzen, um von dort die Macht wieder zurückgespiegelt zu bekommen.

In der liberalen Demokratie stellt sich das Repräsentationsproblem erheblich komplexer dar. Das liegt vor allem daran, dass in der Demokratie Herrscher und Beherrschte in eins fallen. »Die Einheit des (politischen, A. N.) Systems kommt in der Paradoxie zum Ausdruck, dass das Volk zugleich Souverän und sein eigener Untertan ist.«[16] In der repräsentativen Demokratie wird diese Paradoxie dadurch abgemildert, dass Herrscher und Beherrschte trotz Identität differenziert werden und sich in dieser Oszillation von Identität und Differenz wechselseitig beobachten. Daraus entsteht ein Machtkreislauf, in dem die

Macht sowohl von der Politik als auch vom Volk ausgeht. Politik kann nicht einfach Macht ausüben, sondern muss diese Macht in der Gesellschaft umsetzen, um von dort die Macht wieder zurückgespiegelt zu bekommen.

Diese systemtheoretische Denkungsart, die die Einheit des Politischen in dieser Wechselseitigkeit vorfindet, lässt sich bereits in Max Webers Herrschaftsbegriff wiederfinden. Anders als amorphe Macht, die sich gegen alle Widerstände durchsetzen kann, markiert Weber Herrschaft als die Chance, Gefolgschaft *und* Gehorsam zu finden, zugleich aber auch Zustimmung zur Legitimationsquelle der ausgeübten Herrschaft.

Von dieser Verbindung zehrt letztlich politische Herrschaft, die nicht einfach auf Machtausübung beruht, sondern jenen Machtkreislauf im Blick hat, der seine Durchsetzungsmöglichkeiten nicht beliebig, zur Not mit Gewalt und autoritärem Zwang, ausnutzt, sondern auf eine wenigstens prinzipielle Zustimmung der Machtausübung gründet. Das ist es, was Böckenförde stark machen will: nicht einfach Bindungskräfte einer Gesellschaft in einem vorausgesetzten Konsens bündeln, sondern jene Bindungskräfte in der Demokratie fördern, die es aushalten können, dass die Gesellschaft selbst nicht homogen, sondern heterogen ist.

Die repräsentative Demokratie setzt die Gesellschaft nicht als einen Raum konsentierter Zustimmung voraus, sondern als einen Raum zum Teil unüberwindlicher Konflikte, der erst die Bedingung der Freiheit ist.

Hier liegt die entscheidende Stärke der repräsentativen Demokratie. Sie setzt die Gesellschaft nicht als einen Raum konsentierter Zustimmung voraus, sondern als einen Raum zum Teil unüberwindlicher Konflikte, der erst die Bedingung jener Freiheit ist, die als Korrelat einer offenen Gesellschaft gelten kann. »Offenheit« ist dabei nicht nur als normatives Prinzip zu verstehen, sondern als empirische Bedingung für Koexistenz in einer komplexen Gesellschaft, die sich schon aus operativen Gründen nicht auf eine vorkonsentierte All-Einheit verlassen kann. Den »Himmel auf die Erde« zu holen, ist die Chiffre einer am Ende doch ängstlichen und deshalb notwendig autoritären Form, die die gesellschaftliche Dynamik als Bedrohung, nicht als Chance begreift.

Das repräsentative Element an der repräsentativen Demokratie hat zwei Funktionen: Zum einen entlastet es die Gesellschaft davon, kollektiv bindende Entscheidungen stets kollektiv und damit noch volatiler zu treffen als ohnehin schon. Zum anderen versorgt es das politische System mit ausreichend Komplexität, Variabilität, Diversität und Konfliktmöglichkeiten, um es mit jener Entscheidungsoffenheit auszustatten, die für eine komplexe Gesellschaft vonnöten ist.

Die chinesische Kritik an der (repräsentativen) Demokratie muss deshalb gar nicht am politischen System ansetzen, sondern an der Gesellschaft: Diese muss als vollständig integriert, als hierarchisch geordnet beschworen werden, um Konflikte nicht als Interessensgegensätze zu markieren.[17] Der Umgang mit der Forderung nach Alternativen, mit Entscheidungsunsicherheit, mangelndem Wissen und Lösungskonzepten wird in das politische System selbst hineinverlagert. Das Äquivalent zum Prinzip der demokratischen Repräsentation wird auf eine meritokratische Ebene verschoben, die in der Lage sein soll, sachorientierte Lösungsansätze vollständig politisierbar und konsensfähig zu machen.

Dass auch daraus eine wenigstens wissenschaftlich-technisch und ökonomisch erfolgreiche Gesellschaft werden kann, lässt sich in China beobachten. Dass eine solche Gesellschaft keine Mangel-, sondern eine Konsumgesellschaft sein kann, ebenfalls. Aber ob tatsächlich jene

Vielfalt *(requisite variety)* entstehen kann, die zur Anpassung an Veränderungen in komplexen Systemen nötig ist, darf bezweifelt werden. Jedenfalls ist der Grad an Autokratie und politischem Zwang ein direktes Korrelat der Unfähigkeit, mit Varianz und dem Denken in Alternativen umzugehen. Das ist es, was die repräsentative Demokratie ausmacht. Das Prinzip der Repräsentation reagiert auf die funktionale Notwendigkeit, die Konflikte innerhalb der Gesellschaft als deren innere Pluralität abzubilden, die ja eine Pluralität politischer Programme ist und nicht einfach klar definierter sozialer Gruppen.

Die Demokratie ist ein Legitimationsgenerator für politische Entscheidungen, zugleich aber auch ein Themengenerator für das politische System, in dem Entscheider und Beherrschte sich wechselseitig beobachten.

Ausgeübte Macht trifft auf ein Publikum, das seinerseits in einer Art Gegenbewegung den Mächtigen den Spiegel vorhält. In der repräsentativen Demokratie sind Herrscher und Beherrschte voneinander abhängig, weil Macht sich nur darin manifestieren kann, wenn die Beherrschten, die ja als Quelle der Macht fungieren, ihre Loyalitätsbereitschaft nicht verlieren. Deshalb spielt in der Demokratie die Opposition die logisch entscheidende Rolle. Ihre Integration in das politische System gewährt auch denen Loyalitätschancen, die nicht zu den Befürwortern bestimmter Entscheidungen gehören.[18] Die Demokratie ist also ein Legitimationsgenerator für politische Entscheidungen, zugleich aber auch ein Themengenerator für das politische System, denn der doppelte Machtkreislauf lässt Entscheider und Beherrschte sich wechselseitig beobachten.

Diese idealtypische Beschreibung freilich unterschätzt, dass der doppelte Machtkreislauf und damit die politische Partizipation mit beeinflusst wird durch nicht politisch legitimierte Akteure (Experten, pressure groups, ökonomische Akteure etc.). Dieser keineswegs neue Sachverhalt, als »Postdemokratie«[19] diskutiert, setzt aber die Abhängigkeit demokratischer Entscheidungen von einer bestätigenden öffentlichen Kommunikation nicht außer Kraft.[20] Letztlich lebt die repräsentative Demokratie nicht nur von der »Abbildung« der gesellschaftlichen/politischen Pluralität, sie erzeugt sie mit.

Parteien domestizieren den politischen Streit

Die Kontrahenten im politischen Prozess sind *unterschiedliche* Parteien – deshalb heißen Parteien auch Parteien. Eine der ironischsten Figuren der politischen Sprache ist der Begriff der Einheitspartei – ein logisches Oxymoron und ein politischer Offenbarungseid. Er ist ein logisches Oxymoron, weil Partei (lat. *pars*) nur eine Partei neben einer anderen sein kann. Wenn es nur eine Partei gibt, gibt es keine Parteien. Ein Offenbarungseid ist er, weil er den Mechanismus des Politischen außer Kraft setzt: nämlich nicht schlicht Macht zu exekutieren, sondern diese zum reflexiven Gegenstand ihrer selbst zu machen.

In den klassischen Parteienarrangements spiegelt sich eine Systematik gesellschaftlicher Ordnung wider, die Konflikte in die Form politischer Entscheidbarkeit bringt.

Parteien spielen dafür eine entscheidende Rolle, denn in den klassischen Parteienarrangements spiegeln sich nicht einfach Meinungen oder Weltbilder wider, sondern genau genommen eine Systematik gesellschaftlicher Ordnung, die Konflikte in die Form politischer Entscheidbarkeit bringt. Ihre Genese aus dem 19. Jahrhundert ist insbesondere an der sozialen Frage scharf gestellt.[21] In einer groben Phänomenologie lässt sich die Systematik in etwa so darstellen:

Für *Konservative* ging es um die Rettung sogenannter gewachsener Lebensformen und die Verteidigung einer überkommenen Schichtung der Gesellschaft bei gleichzeitiger Anerkennung der modernen Komplexität, die sie vor allem durch Rekurs auf die Idee der Nation als Einheit simulieren. Die semantische Übersteigerung der Nation kann jedoch nicht kompensieren, was der Konservatismus für die eigene Tradition hält. Deshalb ist der Konservatismus eine eminent moderne politische Form, weil er eine semantische Problemlösung für Modernisierungsfolgen anbietet. Die Staatsnähe des Konservatismus ist eine Nähe zum Staat als Garant einer gewachsenen Ordnung, wozu meistens auch die Wirtschaftsordnung gehört. Auch der politische Konservatismus ist an der Etablierung ordnungspolitischer Maßnahmen im Sinne sozialpolitischer Maßnahmen interessiert – deutlich zu sehen gerade in Deutschland an den unterschiedlichen Quellen in der katholischen und auch evangelischen Soziallehre einerseits, in der sozialistischen andererseits. Konservative Formen der Herstellung von Kontinuität sind Formen, die an Strukturen ansetzen, die in der Gesellschaft bereits als vorhanden gelten: regionale Traditionen, Konfessionen, Berufsstände und familiale Kontinuitäten.

Für die *Sozialdemokratie* oder für *sozialistische* politische Akteure ging es noch expliziter um die Herstellung von Kontinuität in einer diskontinuierlichen Wirtschaftswelt, nämlich trotz der Volatilität von Märkten eine Lebens- und Versorgungsperspektive für die arbeitenden Menschen zu ermöglichen. Es ging um die Erzeugung von Kontinuität, weswegen solche Parteien in der Vergangenheit tatsächlich mehr als nur politische Organisationen waren, sondern auch Bildungs- und Kulturorganisationen als Identitätsangebot für diejenigen, die von traditionellen Versorgungsstrukturen nicht erfasst wurden. Klassische sozialdemokratische Politik zeichnete sich durch eine größere Bereitschaft zur Umverteilung sowie zur Ermöglichung sozialen Aufstiegs aus.

Der politische *Liberalismus* schließlich stand einerseits für Abwehrrechte gegen einen autoritären Staat, andererseits für die Idee, der Volatilität und Eigendynamik der Gesellschaft und den ordnungsbildenden Kräften des Marktes zu vertrauen. Der Liberalismus war auf der einen Seite eine starke Freiheitsbewegung, die von der Kritik der Bevormundung durch den Staat, durch die Kirche, durch Traditionen und tradierte Lebensformen geprägt ist. Darin ist der klassische Liberalismus vor allem an den Bürgerrechten orientiert und strahlt in kulturlinke und linksliberale Denkungsarten aus. Andererseits neigt er bisweilen zu einer merkwürdigen Anfälligkeit für libertäre Ideologien bis in die Nähe zu rechten Denkungsarten, weil ein staatsferner Liberalismus in der Konsequenz dem Recht des Stärkeren und der Verdrängung des Schwachen nahesteht.

Diese idealtypische, also übersteigerte Phänomenologie soll zeigen, wie sich unterschiedliche politische Programme vor allem an der sozialen Frage beziehungsweise am Verhältnis von wirtschaftlicher Dynamik und Volatilität definieren. Die Gegnerschaft dieser Parteien wird dadurch zusammengehalten, dass ihre repräsentative Funktion für das politische System nicht nur darin besteht, unterschiedliche Milieus und Gruppen beziehungsweise Interessen abzubilden, sondern vor allem den Grundkonflikt des politischen Raums. In den Grundstrukturen des klassischen modernen politischen und sozialen Konflikts geht es stets und in erster Linie um das Verhältnis von Volatilität und Stabilität, um die Frage von mehr oder weniger Regulierung des Ökonomischen durch den Staat, um Verteilungs- und Umverteilungsfragen und nicht zuletzt um die Anerkennung unterschiedlicher Lebensformen der Gesellschaft in diesem Konfliktfeld.[22] Solche Konflikte fallen nicht vom Himmel, um noch einmal die chinesische Metapher aufzunehmen, sie sind auch nicht einfach positiv in der Gesellschaft vorhanden, sondern werden durch die den Machtkreislauf des Politischen strukturierende Form entscheidbarer politischer Probleme erst in eine prozessierbare Gestalt gebracht.

Für die Bundesrepublik (auch für andere westeuropäische Länder) war die Existenz von zwei komplementären Volksparteien ein Stabilitätsfaktor. Union und SPD erreichten lange Zeit etwa 90 Prozent der Wählerschaft (wie übrigens parallel dazu etwa dieselbe Rate Mitglied einer der beiden großen Kirchen in Deutschland war). Heute bilden die einstigen großen Volksparteien weit weniger als die Hälfte der Wähler ab. Das muss kein grundlegendes Problem sein, aber es ist ein Hinweis darauf, was das für die repräsentative Demokratie bedeutet: An der Veränderung der Parteiensystematik lässt sich deutlich sehen, welche Funktion das repräsentative Element der Demokratie hat.

Es geht nicht einfach darum, die Sozialstruktur des Wahlvolks proportional im Parlament abzubilden, sondern einen stabilen Rahmen für die Austragung politischer Konflikte zu schaffen. Stabil verliefen politische Konflikte immer dann, wenn im Parlament die entscheidenden Konfliktlinien abgebildet werden konnten. Gewiss haben dabei das Wahlrecht und das Wahlsystem in unterschiedlichen Ländern direkte Auswirkungen darauf, wie sich vor allem kleinere Parteien etablieren können.[23] Aber an der grundlegenden Systematik hat das für die Form der westlichen Demokratie wenig geändert.

Es sollte deutlich geworden sein, dass die repräsentative Demokratie nicht einen repräsentativen Konsens im Parlament abbildet, sondern den Dissens dadurch etabliert, dass die widerstreitenden Parteien (im engeren und im weiteren Sinne) eine Form dafür finden, ihren Streit zivilisiert zu inszenieren. Diese Inszenierung ermöglicht es erst, der Entscheidungsfindung eine rationale und stete Gestalt zu geben. Die repräsentative Demokratie muss in diesem Sinne keine homogene Gesellschaft voraussetzen, also keine vorpolitischen Bindungskräfte an bestimmte Entscheidungen, wohl aber eine Bindungskraft an die Legitimität und Legitimation der Form und der Verfahren der demokratischen Prozeduren.

Legitimation durch Verfahren

Die repräsentative Demokratie muss notwendigerweise ein Rechtsstaat sein. Ein Rechtsstaat bindet alle an das Recht: die Herrschenden ebenso wie die Beherrschten, die in der Demokratie paradoxerweise auch noch in eins fallen. Verfahren sind die entscheidende Legitimationsquelle des Politischen. Die sprichwörtliche »Legitimation durch Verfahren«[24] reagiert darauf, dass man etwa in Gesetzgebungs- oder Gerichtsentscheidungen nicht einfach auf die Rationalität der beteiligten Akteure zurückgreifen kann. Das wäre eine zu riskante Strategie, die sich auf Voraussetzungen verlassen müsste, die schwer zu kontrollieren und schwer zu verstetigen sind. An die Stelle dieses kontrafaktischen Vertrauens auf die Vernunft der Menschen lenken Verfahren die Geltungsfrage von der alleinigen Vernunft des Urteilens auf die Geltung der Verfahren selbst. Die Legitimität der Macht stützt sich dann nicht mehr auf die vermeintliche Rationalität eines Entscheiders, sondern auf ein rationales Verfahren. Auf der Suche nach der Vernunft, die der Demokratie zugrunde liegen soll, stößt man auf die in den Verfahren aufbewahrte Form einer Vernunft, deren Geltung der Geltung der in den Verfahren verhandelten Argumente und Inhalte noch vorgeordnet ist. Vernünftige Verfahren sollen vernünftige Entscheidungen generieren, die mit den Verfahren selbst Einzug in die eigenen Begründungen finden. Verfahren haben in diesem Sinne eine zivilisierende Funktion.

Die rechtsstaatliche Form der Entscheidungsfindung erzwingt eine Langsamkeit, die der schnellen Willkür entgegensteht, zugleich dem Kompromiss Geltung verschafft, weil sich die meisten Verfahren ohne solche Kompromisse gar nicht durchhalten lassen. Verfahren disziplinieren. Sie regeln durch Reduzierung von Komplexität das Handeln der Beteiligten, sie zivilisieren und zwingen sie dazu, auch der Gegenseite Gehör zu schenken. Zugleich erhöhen sie die Kreativität, weil durch die Komplexitätsreduktion der Prozeduren eine höhere Komplexität in den Entscheidungen möglich wird. Die Vernunft der Demokratie in ihren legislativen, judikativen und exekutiven Funktionen gründet auf den Verfahren selbst.[25]

Verfahren können missbraucht werden – aber sie haben am Ende eine Widerständigkeit, die womöglich stärker ist als die mentale und kognitive Widerständigkeit beteiligter Akteure, die durch die Verfahren selbst in ihren angemessenen Motiven unterstützt werden können. Die Stärke der repräsentativen Demokratie besteht darin, dass sie tatsächlich in der Lage sein kann, über Verfahren die widerstreitenden Teile der politischen Auseinandersetzung zusammenzuhalten und damit auch der unterlegenen Seite des politischen Streits die Möglichkeit zu geben, einer Entscheidung, die sie anders gefällt hätte, dennoch Loyalität zu erweisen.

Exakt deshalb ist die Opposition in der repräsentativen Demokratie womöglich der wichtigere Teil des repräsentativen Demokratiemodells, weil die verfassungsmäßige und auch operative Integration der Opposition in die Routinen des politischen Systems politische Gegnerschaft *innerhalb* des Systems und nicht *gegen* das System ermöglicht. Wo man in der illiberalen Demokratie, die den Himmel auf die Erde holt, Opposition nur gegen das politische System ermöglichen kann, ist Opposition in der repräsentativen Demokratie der Garant dafür, dass diejenigen, die qua Mehrheit die Macht haben, mindestens öffentlich gute Gründe für ihr Tun nennen müssen. Der gesellschaftliche Machtkreislauf zwischen Staat/Politik und Gesellschaft/Volk wird innerhalb des politischen Systems als ein Kreislauf zwischen Regierung und Opposition noch einmal abgebildet – repräsentiert, wenn man so will. Deshalb ist es nur in dieser Art der Demokratie möglich, dass eine amtierende Regierung stets von einer wenigstens potenziellen Regierung vor sich hergetrieben wird.

Die Krise der Repräsentation

Die bisherige Argumentation sollte deutlich gemacht haben, dass die repräsentative Demokratie aus systematischen Gründen keineswegs ein Auslaufmodell ist. Denn anders als das neokonfuzianische Modell mit seinem Vorrang der Koexistenz vor der Existenz wird hier Koexistenz nicht einfach vorausgesetzt. Die Funktion von Politik besteht vielmehr gerade darin, Existenz in Koexistenz zu verwandeln, also »kollektiv bindende Entscheidungen« zu ermöglichen und dafür Formen und Verfahren zu finden und bereitzustellen.[26] Dass diese Formen und Verfahren, vor allem aber auch die Aspekte von Steuerungskompetenz und Entscheidungskriterien als politischer Konflikt und politische Entscheidungsfindung inszeniert werden, wird gerade durch die Repräsentation nicht nur von Gruppen, sondern von Perspektiven auf die gesellschaftlichen Grundkonflikte ermöglicht.

Ein meritokratisches und autokratisches Modell muss dies immer schon als lösbar beziehungsweise gelöst voraussetzen. Das neokonfuzianische Modell setzt ausschließlich auf Harmonie im Sinne der Unterwerfung unter ein Allgemeines, bleibt aber im Hinblick auf die Qualität der Entscheidung stumm – das Problem wird durch Rekurs auf die Meritokratie gewissermaßen unsichtbar gemacht. Wo der neokonfuzianische Philosoph eher schweigt, wird freilich die technokratische Agenda in Staaten wie etwa Singapur lautstark als Vorbild und als durchaus erfolgreiches Alternativmodell diskutiert, zum Beispiel von dem indisch-amerikanischen Politologen Parag Khanna.[27] Es ist aber ein Modell, bei dem der Staat letztlich schon weiß, was das Richtige ist, und dafür dann entsprechend qualifizierte Funktionäre einsetzt.

Dennoch kann man schwer daran vorbeisehen, dass sich mit den gesellschaftlichen Komplexitätssteigerungen die Qualität von kollektiv bindenden Entscheidungen und auch ihre Legitimität in den westlichen Demokratien nicht gerade erhöht hat. Es ist im Gegenteil ein Trend zur Elitenskepsis, zur politischen Radikalisierung von rechts und von links, zum Populismus und zur radikalen Vereinfachung von Problemlagen zu beobachten, von dem man tatsächlich nicht behaupten kann, dass er die Problemlösungskompetenzen signifikant verbessert. Selbst wenn man die systematischen Schwächen und Kurzschlüsse, Illiberalitäten und den versteckten Autoritarismus in Zhaos neokonfuzianischem Modell aus der Gleichung herausrechnet, bleibt der Vorwurf einer »Publikratie« gegen das westliche Modell bestehen. Wie ist damit umzugehen?

Wenn es stimmt, dass die Stärke der repräsentativen Demokratie darin besteht, nicht nur Interessengruppen, sondern auch und vor allem gesellschaftliche Grundkonflikte abzubilden, dann kann man durchaus eine Krise der Repräsentation diagnostizieren. Womöglich passen die klassischen Parteiengestalten nicht mehr, um den gesellschaftlichen Konflikten eine entscheidbare Form zu geben. Es dürfte heute schwerfallen, konservative Bezugsprobleme noch nach dem Bilde zu formen, wie es seit dem 19. Jahrhundert aus den religiösen Soziallehren und aus der Betonung regionaler Traditionen hergeleitet wurde. Das, was man ein sozialdemokratisches Bezugsproblem nennen kann – einst stark orientiert an Berufsgruppenidentitäten, an der Anerkennung eher kleinbürgerlicher Schichten und am sozialen Aufstieg –

wird heute von fast allen politischen Lagern als Ziel geteilt. Auch der Liberalismus schließlich kann sich heute weniger als Pluralismusanwalt aufstellen und nicht als Sachwalter von Abwehrrechten gegen den Staat, weil dies fast Gemeingut ist. Vielleicht ist die Krise des Liberalen vor allem darin zu sehen, dass es fast nur noch für ökonomischen Liberalismus steht.

Dass zum Teil neue politische Spieler entstehen, ist kein Zufall. Das Aufkommen ökologischer Parteien verweist darauf, dass mit dem Umweltschutz und dem Klimawandel ein epochales Problem entstanden ist, das quer zu den klassischen politischen Konfliktlinien liegt. Rechte Parteien hat es immer gegeben, aber ihr derzeitiger Erfolg verweist darauf, dass sich Fragen der Zugehörigkeit und auch der Sachkompetenz für komplexe Entscheidungslagen völlig neu stellen. Und alle mit Migration, ethnischem Pluralismus und der Emanzipation sexueller Orientierungen verbundenen politischen Konflikte verweisen einerseits auf eine liberale Pluralisierung, andererseits auch auf ein verunsicherndes Konfliktpotenzial.

Die Krise der repräsentativen Demokratie ist also eher eine Krise der Repräsentation. Die Preisfrage lautet: Wie lassen sich die neuen Konfliktlinien in eine Form bringen, die den politischen Konflikt so zivilisiert, dass daraus entscheidbare Dichotomien werden? Ich wiederhole: Politische Probleme und Konflikte liegen nicht einfach vor, sie müssen politisch erzeugt und ermöglicht werden, und dafür bedarf es komplementärer politischer Spieler, die einen zivilisierten politischen Konflikt dazu ermöglichen. Die Komplexitätssteigerungen der Gesellschaft haben die Anforderungen verändert.

Man kann das an merkwürdigen Anomalien beobachten. In Deutschland etwa, wo in einigen Bundesländern der Konflikt zwischen den Parteien gewissermaßen suspendiert werden muss, um offenkundigen Feinden der demokratischen Verfahren und einer liberalen Gesellschaft in Gestalt der AfD entgegenzutreten. Diese Situation erzwingt Harmonie dort, wo sie schädlich ist, nämlich zwischen unterschiedlichen politischen Spielern, und erzeugt Konflikt dort, wo er nicht weiterführt, weil die rechtsradikale Politikform keinen sachlichen Beitrag zur Problemlösung leisten kann.

Eine ähnliche Anomalie lässt sich in osteuropäischen Ländern beobachten. Wie Stephen Holmes und Ivan Krastev auf beeindruckende Weise gezeigt haben, ist nach einer liberalen Euphorie in osteuropäischen Ländern eine tiefe Enttäuschung eingetreten, die viel damit zu tun hat, dass der »Nachahmungsdruck«[28], unter dem viele dieser Länder sich mit Blick auf ihre neuen westeuropäischen Partner sahen, ebenfalls eine Repräsentationslücke hervorgebracht hat. Die illiberalen und offenkundig mit demokratischen Verfahren inkompatiblen Reaktionen sind die Folge.

Solange politische Akteure sich nicht auf die Komplexität kommender Herausforderungen einstellen, werden technokratische oder meritokratische Modelle für sich reklamieren, höhere Kompetenzen mobilisieren zu können als die repräsentative Demokratie.

Diese wenigen Hinweise sollen genügen, um zu zeigen, dass die Zukunft der repräsentativen Demokratie sich nicht im Hinblick auf Verfahren oder auf die staatsrechtliche Verfassung entscheidet, sondern explizit politisch. Solange es politischen Akteuren nicht gelingt, sich inhaltlich auf neue Konfliktlinien und auf die Komplexität der kommenden Herausforderungen einzustellen, werden technokratische oder meritokratische Modelle wenigstens den Vorteil für sich reklamieren können, auf der Sachebene höhere Kompetenzen mobilisieren zu können. Ob das freilich wirklich gelingen kann, ist zu bezweifeln.

Denn es würde fast notwendigerweise bedeuten, dass politische Herrschaft autoritärer werden muss und Politik sich stärker auf die Exekutive konzentrieren wird. Es ist ein Traum, der auch in unseren Breiten gerade im Nachgang zur Pandemie von manchen geträumt wird, die meinen, man könne etwa den Klimawandel eher mit exekutiven Ausnahmerechten als mit demokratischer Debatte und Abstimmung bekämpfen.

Für ein flankierendes »Parlament der Funktionen«

Deshalb sei zum Schluss dieser Überlegungen darauf hingewiesen, dass sich Expertise und die Form der Sachebene verändern müssen. Die parlamentarische repräsentative Demokratie war erfolgreich, solange es gelang, die Repräsentation unterschiedlicher Gruppen in der Gesellschaft mit der Repräsentation unterschiedlicher programmatischer Lösungskonzepte in Einklang zu bringen. Vielleicht war deshalb die Orientierung von Politik und politischen Konfliktlinien an der »sozialen Frage« so integrierend. Nun soll hier nicht argumentiert werden, die soziale Frage stelle sich nicht mehr. Sie wird im Gegenteil sowohl im Hinblick auf die Digitalisierung der Ökonomie als auch auf den Umbau hin zu einer ökologischen Wirtschaft eine besondere Rolle spielen, auch was migrationspolitische Fragen angeht.[29] Aber die Konflikt- und Programmlinien liegen heute quer dazu und können deshalb nicht mehr so geschmeidig repräsentiert werden wie in der klassischen Phase der westlichen Demokratien im »Goldenen Zeitalter« (Eric Hobsbawm) des Westens.

Vielleicht müssen aus der technokratischen und meritokratischen Herausforderung Schlüsse gezogen werden. Vielleicht muss die Logik der Repräsentation sich ändern – oder besser: erweitert werden. Es ist sicher kein Zufall, dass sich etwa in interdisziplinären Beratungsgremien oder in Ethikräten Formen etabliert haben, die in der Lage sind, Expertise aus unterschiedlichen Funktionssystemen beziehungsweise ihrer wissenschaftlichen Repräsentation zusammenzubringen und für entscheidbare Lösungen zu suchen.[30] Ich habe an anderer Stelle einmal ein »Parlament der Funktionen«[31] vorgeschlagen, in dem sich Akteure aus Wirtschaft, Wissenschaft, Recht, Verwaltung, Religion etc. zusammenfinden, um Szenarien für Lösungskonzepte zu entwickeln, deren Aufgabe es ist, das Arrangement der Funktionen und unterschiedlicher Zielkonflikte durchzuspielen, etwa bei der Kombination ökologischer und ökonomischer Logiken, beim Transfer von Wissen(schaft) in politische und ökonomische Entscheidungen oder bei der Darstellbarkeit von Wertschöpfung und Technologien etc. Man denke an eine zweite Kammer, die die erste mit Wissen versorgt – keine Meritokratie, sondern eine Flankierung des parlamentarischen Prozesses durch Repräsentation von Funktionen.

Das wird kaum praktikabel sein. Aber diese Erwägungen verweisen darauf, dass die erhebliche Komplexitätssteigerung der Gesellschaft und die Querlage von Herausforderungen zu den klassischen politischen Programmen Strategien erfordern, die Funktionen der Gesellschaft, ihre Expertise und ihre jeweiligen Logiken wieder repräsentationsfähig zu machen. Wenn das gelingt, ist die repräsentative Demokratie keineswegs ein Auslauf- sondern ein Zukunftsmodell. Denn das Neue kann nur dort gelingen, wo es gerade keine politischen und ideologischen Einschränkungen für denkbare Szenarien gibt. Wo anders als in liberalen Politikmodellen wird das Neue prinzipiell prämiiert und nicht nur dann, wenn es einer allgemeinen Harmonie der Beherrschten mit den Herrschenden dient, was am Ende nur autoritär gesichert werden kann.

Anmerkungen

1 Paul Nolte: *Was ist Demokratie? Geschichte und Gegenwart.* München 2012, S. 32.

2 Vgl. dazu grundlegend und einführend Reinhold Zippelius: *Geschichte der Staatsideen.* 9. Aufl., München 1994, S. 28 ff.

3 Vgl. Joseph de Maistre: *Von der Souveränität. Ein Anti-Gesellschaftsvertrag.* Berlin 2016; Beatrice Bondy: *Die reaktionäre Utopie. Das politische Denken von Joseph de Maistre.* Köln 1982.

4 Zhao Tingyang: *Alles unter dem Himmel. Vergangenheit und Zukunft der Weltordnung.* Berlin 2020, S. 214.

5 Ebd., S. 221.

6 Ebd., S. 18.

7 Ebd.

8 Ebd., S. 48.

9 Ebd., S. 202.

10 Ebd., S. 44.

11 Ausführlich zu Zhao Tingyang vgl. Armin Nassehi: *Unbehagen. Theorie der überforderten Gesellschaft.* München 2021 (i. E.).

12 Ernst-Wolfgang Böckenförde: »Die Entstehung des Staates als Vorgang der Säkularisation«. In: Ders.: *Staat, Gesellschaft, Freiheit. Studien zur Staatstheorie und zum Verfassungsrecht.* Frankfurt am Main 1976, S. 42–64, hier S. 60.

13 Ebd.

14 Vgl. ebd., S. 59.

15 Grundlegend dazu vgl. Dolf Sternberger: *Ursprung der repräsentativen Demokratie.* Zürich 1970.

16 Niklas Luhmann: *Die Politik der Gesellschaft.* Frankfurt am Main 2000, S. 256 f.

17 So programmatisch nachzulesen bei Daniel A. Bell, Wang Pei: *Just Hierarchy. Why Social Hierarchies Matter in China and the Rest of the World.* Princeton 2020.

18 Vgl. dazu Armin Nassehi: »Abwählen! Warum in Demokratien die Opposition regiert, es aber in Europa nicht gelingt«. In: *Kursbuch 174: Richtig wählen.* Hamburg 2013, S. 25–36.

19 Vgl. Colin Crouch: *Postdemokratie.* Frankfurt am Main 2008; Chantal Mouffe: *Das demokratische Paradox.* Wien 2008; Oliver Marchart: *Die politische Differenz. Zum Denken des Politischen bei Nancy, Lefort, Badiou, Laclau und Agamben.* Berlin 2018.

20 Paul Nolte: »Von der repräsentativen zur multiplen Demokratie«. In: *Aus Politik und Zeitgeschichte,* H. 1–2, 2011, S. 5–12.

21 Vgl. dazu Klaus von Beyme: *Parteien in westlichen Demokratien.* München 1982; Oskar Niedermayer, Richard Stöss, Melanie Haas (Hg.): *Die Parteiensysteme Westeuropas.* Wiesbaden 2006; Jasmin Siri: *Parteien. Zur Soziologie einer politischen Form.* Wiesbaden 2012.

22 Vgl. klassisch dazu Ralf Dahrendorf: *Der moderne soziale Konflikt. Essay zur Politik der Freiheit.* München 1994.

23 Vgl. dazu Henner Jörg Boehl: »Wahlrecht und Volksparteien«. In: *Die Politische Meinung*, Nr. 506/507, 2012, S. 85–89.

24 Vgl. Niklas Luhmann: *Legitimation durch Verfahren*. 11. Aufl., Frankfurt am Main 1983.

25 Vgl. dazu Birte Förster, Armin Nassehi: »Die wohlkalkulierte Strategie der ›Querdenker‹«. In: *Frankfurter Allgemeine Zeitung* 10.09.2020.

26 Vgl. Armin Nassehi: »Soziologie des Politischen«. In: Martin Endreß, Benjamin Rampp (Hg.): *Handbuch politische Soziologie*. Baden-Baden 2021 (i. E.).

27 Vgl. Parag Khanna: *Unsere asiatische Zukunft*. 3. Aufl., Berlin 2020, S. 353 ff.

28 Vgl. Ivan Krastev, Stephen Holmes: *Das Licht, das erlosch. Eine Abrechnung*. Berlin 2019, S. 17 ff.

29 Dazu sehr instruktiv das Sonderheft *Sozialstaat 4.0 – Digitale Ökonomie und Sozialpolitik*, hg. von Sebastian Haunss und Frank Nullmeier der *Zeitschrift für Sozialreform* 4, 62, 2016.

30 Vgl. dazu Armin Nassehi, Irmhild Saake, Matthias Tann: »Anerkennung und Eigensinn. Übersetzungskonflikte am Beispiel der Ethikratsdebatte zu Intersexualität«. In: *Soziale Welt* 3/4 70 (2019), S. 233–267; Armin Nassehi, Irmhild Saake, Niklas Barth: »Die Stärke schwacher Verfahren. Zur verfahrensförmigen Entdramatisierung von Perspektivdifferenzen im Kontext der Organspende«. In: *Zeitschrift für Soziologie* 48 (2019), S. 190–208.

31 Vgl. Armin Nassehi: *Die letzte Stunde der Wahrheit. Warum rechts und links keine Alternativen mehr sind und Gesellschaft ganz anders beschrieben werden muss*. Hamburg 2015, S. 289.

Wenn es ernst wird

Stärken und Schwächen der Demokratie im Kampf gegen die Pandemie

Von Laura Spinney

So merkwürdig es auch klingen mag, aber die Frage, ob man bei Ausbruch einer Pandemie besser in einer Demokratie, einer Autokratie oder irgendetwas dazwischen leben sollte, ist alles andere als entschieden.

Natürlich gibt es abgesehen von gesundheitlichen noch viele andere Gründe, sich, sofern man die Wahl hat, für ein Leben in einer Demokratie zu entscheiden. Nimmt man jedoch speziell das Verhältnis von Demokratie und Gesundheit, die beide schwer zu messen sind, in den Blick, liefern neueste Daten dazu einige hilfreiche Erkenntnisse.

Auf den ersten Blick: Vorteil Demokratie

In Zeiten ohne Pandemie ist die Allgemeinheit in demokratischen Staaten mit allgemeinem Wahlrecht, freien Wahlen und unabhängigen Medien im Vergleich gesundheitlich eher besser aufgestellt. Demokratien sind, wie unter anderem der Ökonom Daron Acemoğlu vom

Massachusetts Institute of Technology gezeigt hat,[1] tendenziell wohlhabender als nichtdemokratische Staaten und investieren mehr in Humankapital und Gesundheit. Und diese Investitionen führen nach Thomas Bollyky vom amerikanischen Council on Foreign Relations[2] nachweislich, wenn auch nicht auf direktem Wege zu besseren Gesundheitswerten.

Tendenziell weisen Demokratien eine höhere Lebenserwartung auf (lässt man die immer noch andauernde HIV-Pandemie einmal außer Acht) und eine geringere Belastung mit chronischen und nicht übertragbaren Krankheiten wie Herzkrankheiten und Schlaganfällen. Gleichwohl kann man nicht ignorieren, dass in letzter Zeit einige der beeindruckendsten Erfolge im öffentlichen Gesundheitswesen in Staaten erzielt wurden, denen man nicht gerade eine florierende Demokratie bescheinigen kann. In Äthiopien und Myanmar zum Beispiel ist die allgemeine Lebenserwartung seit 1996 um über zehn Jahre gestiegen.

Wie kommt das? Bollyky zufolge liegt es hauptsächlich daran, dass in diesen Ländern übertragbare Krankheiten, insbesondere infektiöse und parasitäre Kinderkrankheiten, erfolgreich eingedämmt wurden. Ein Erfolg allerdings, den Regierungen und internationale Hilfsprogramme mit gezielten Kampagnen relativ einfach erreichen können. Demgegenüber sind nicht übertragbare Krankheiten schwerer zu bekämpfen, da dies stabile, langfristige Investitionen in das Gesundheitswesen erfordert. Viele Länder befinden sich heute insofern an einem Wendepunkt: Da Krankheiten, gegen die man mit einfacheren Mitteln vorgehen kann, verschwunden sind, müssen sie, um weitere Fortschritte zu erzielen, Strategien ändern und mehr Ressourcen einsetzen. Und dies zu realisieren, liegt ohne Unterstützung durch demokratische Institutionen möglicherweise außerhalb ihrer Möglichkeiten.

Demokratien sind im Hinblick auf die Gesundheit ihrer Bürgerinnen und Bürger gegenüber Autokratien im Vorteil – zumindest, wenn keine Pandemie ausbricht.

Alles in allem sind Demokratien also im Hinblick auf die Gesundheit ihrer Bürgerinnen und Bürger gegenüber Autokratien offenbar im Vorteil – zumindest in »normalen« Zeiten, also ohne Pandemie.

Ungesunde Demokratie?

Doch gilt dies auch in Pandemiezeiten? Doch vor der Beantwortung dieser Frage scheint der Hinweis erforderlich, dass längst nicht alle Demokratien dieser Welt ihrerseits wirklich »gesund« sind. Über die Zukunft der Demokratie gehen die Meinungen auseinander. Manche Beobachter – nennen wir sie die »Optimisten« – weisen darauf hin, dass die Zahl formeller Demokratien weltweit wächst, auch wenn sich dieser Trend in letzter Zeit verlangsamt hat. Andere – nennen wir sie die »Pessimisten« – sehen diese Verlangsamung bereits als Vorbote einer Trendumkehr. Sie verweisen auf einen weit verbreiteten, langfristigen Vertrauensverlust in politische Institutionen in Ländern wie Ungarn, Polen und die Türkei, die man lange wie selbstverständlich für demokratisch hielt. In einigen anderen Staaten wie Venezuela, Russland und Thailand sei die Demokratie in den vergangenen Jahrzehnten geradezu implodiert.

»Manche Demokratien sterben nicht durch die Hand von Generälen, sondern durch die ihrer gewählten Anführer«, schreiben die Harvard-Politologen Steven Levitsky und Daniel Ziblatt in ihrem 2018 erschienenen Buch *How Democracies Die.* »[Dies sind] Präsidenten und Premierminister, die eben jenen Prozess untergraben, durch den sie an die Macht gekommen sind.« Die Organisation Reporter ohne Grenzen (RSF) unterstützt diese These und schätzt,[3] dass im Jahr 2020 weltweit 50 Journalisten getötet wurden, was dem Rückgang im letzten Jahrzehnt entspricht, aber viele dieser Vorfälle ereigneten sich an Orten, wo man es nicht unbedingt erwarten würde: »Während die Zahl der in Kriegsgebieten getöteten Journalisten weiter sinkt«, so RSF, »werden mehr Journalisten in Ländern ermordet, in denen es keinen Krieg gibt.«

Hinzu kommt, dass in Zeiten von Pandemien die soziale Ungleichheit tendenziell verschärft wird, zumindest klarer hervortritt und der lang gehegte Glaube, dass die Demokratie die soziale Ungleichheit in einer Gesellschaft verringert, in den letzten Jahren immer stärker infrage gestellt worden ist. Das Verhältnis zwischen Demokratie und sozialer Ungleichheit ist komplex und vielfältig, und, wie viele kluge Menschen schon betont haben, ist Demokratie immer fragil. Sie kann von Eliten »gekapert« werden. Sie kann gezielt die Mittelschicht auf Kosten anderer bevorzugen. Und sie kann neue wirtschaftliche Möglichkeiten eröffnen, die, anders als man vielleicht vermuten würde, die sozioökonomische Spaltung weiter vertiefen. Acemoğlus Forschungsgruppe am MIT kam im Jahr 2013 zu dem Ergebnis, dass aus all diesen Gründen Demokratie im Hinblick auf soziale und materielle Ungleichheit von ambivalenter Wirkung ist und unter Umständen sogar bestehende Ungleichheiten noch verstärken kann.[4]

Als sich Ende 2019 Covid-19 ankündigte, lebten etwa zwei Drittel der Weltbevölkerung in Demokratien – 200 Jahre zuvor waren es nur ein Prozent. Die soziale Ungleichheit war 2019 weitaus geringer als knapp 100 Jahre zuvor, am Vorabend des Ersten Weltkriegs und dann der Grippepandemie von 1918, auch wenn sie nach einer Jahrzehnte währenden Korrektur ab den 1980er-Jahren wieder gewachsen war. Ebenfalls ab den Achtzigern vernetzte sich die Welt über den internationalen Handel immer stärker. Auch wenn diese Globalisierung im Großen und Ganzen als positive Entwicklung gilt – sie hat vielen geholfen, sich aus schlimmster Armut zu befreien –, so hat sie doch die Kluft zwischen dem globalen Norden und dem globalen Süden weiter vergrößert. Das Kapital kann nun frei und ungehindert in der Welt zirkulieren, was viele Reiche und transnationale Unternehmen zur Steuerflucht anregt und von Investitionen in jene Länder, die die meisten Arbeitskräfte bereitstellen, abhält. Im Gegenzug werden diese daran gehindert, faire Steuersysteme einzuführen und einen starken Sozialstaat aufzubauen, der beispielsweise in das Gesundheitswesen und die entsprechende Infrastruktur investiert. Zugleich hat die Globalisierung soziale Spannungen innerhalb der reicheren Länder geschürt, deren Arbeitnehmer mit den billigen Arbeitskräften aus den ärmeren Ländern konkurrieren müssen.

Pandemien treten meist auf, wenn intensive globale Vernetzung und starke soziale Ungleichheit zusammenfallen.

Was lehren 15 Pandemien aus 500 Jahren?

Es gibt eine (zugegeben recht spekulative) Theorie,[5] dass Pandemien meist in Zeiten intensiver globaler Vernetzung und starker sozialer Ungleichheit aufgetreten sind, auch solche, die weiter zurückliegen. Schätzungen zufolge gab es in den vergangenen 500 Jahren 15 Pandemien. Die Antoninische Pest ab 165 v. Chr., die das Ende sowohl des Römischen als auch des Chinesischen Reichs einläutete, brach in einer Zeit aus, als in diesen beiden Gesellschaften eine extrem soziale Ungleichheit herrschte und die unstillbare Nachfrage der Reichen nach exotischen Luxusgütern für einen lebhaften internationalen Handel auf der Seidenstraße sorgte. Zugleich weiteten sich beide Imperien durch Kriege aus. Händler wie Soldaten zogen kreuz und quer durch die Kontinente und schleppten, ohne es zu ahnen, tödliche Keime in die großen Städte beider Reiche ein. Dorthin waren längst die Ärmsten der Armen auf der Suche nach Arbeit geströmt, die sich aufgrund ihrer Armut und ihrer ohnehin bereits mangelhaften Gesundheit als extrem anfällig für diese Keime erwiesen.

Man schätzt, dass die Spanische Grippe von 1918 weltweit 50 bis 100 Millionen Menschen das Leben kostete, weit mehr als der Erste Weltkrieg mit schätzungsweise 18 Millionen Opfern.

Eine ähnliche Konvergenz von sozialer Krise, internationaler Vernetzung und dem globalen Ausbruch einer tödlichen Krankheit können wir bei der Justinianischen Pest im 6. Jahrhundert beobachten, beim Schwarzen Tod im 14. Jahrhundert (der mit dem Hundertjährigen Krieg zusammenfiel) und wieder 1918, als in den letzten Monaten des Ersten Weltkriegs die schlimmste Pandemie der jüngeren Geschichte ausbrach. Man schätzt, dass der Schwarze Tod zwischen 30 und 60 Prozent der europäischen Bevölkerung auslöschte und damit weit mehr als der Hundertjährige Krieg, und die Spanische Grippe von 1918 weltweit 50 bis 100 Millionen Menschen das Leben kostete, weit mehr als der Erste Weltkrieg mit schätzungsweise 18 Millionen Opfern.

Die faszinierende Theorie, begründet von dem Historiker Peter Turchin, nach der Pandemien von gleichzeitigen Phasen hoher internationaler Verflechtung und hoher sozialer Ungleichheit begünstigt werden, beruht zunächst noch auf Korrelation, nicht auf Kausalität und eher auf einem statistischen Zusammenhang als auf einer Regel. Allerdings gibt es eine weitere, zuverlässiger zutreffende Schlussfolgerung aus der statistisch ermittelten Erkenntnis, dass die Welt in 500 Jahren von 15 Pandemien getroffen wurde. Nämlich die, dass Pandemien, wenn auch unvorhersehbar, so doch nicht so selten sind wie allgemein gedacht. 15 Pandemien in 500 Jahren, das sind im Schnitt drei pro Jahrhundert. Es ist also durchaus denkbar, dass ein Hundertjähriger – und davon gibt es im Zuge der steigenden Lebenserwartung immer mehr – in seinem Leben drei Pandemien durchmacht. Wie Gesundheitsexperten nur allzu gut wissen, ist unser Gefühl, Pandemien seien Ausnahmeerscheinungen, trügerisch. Allerdings sind ihre Auswirkungen sehr unterschiedlich, und die ganz großen kehren oft noch einmal zurück, wenn sie aus dem kollektiven oder institutionellen Gedächtnis längst gelöscht ist. Das ist einer der Gründe, weshalb große Pandemien die Menschheit meist unvorbereitet treffen.

Um das Überraschungsmoment zu verringern, setzen Regierungen, Gesundheitsexperten und andere Fachleute seit Beginn der 2000er-Jahre ein neues Hilfsmittel ein – Krisensimulationen, manchmal auch als »Table Top Exercises« bezeichnet. Der Gedanke dahinter ist, den Mangel an institutionell verankerten Pandemieerfahrungen dadurch zu kompensieren, dass alle verantwortlichen Stellen gemeinsam eine hypothetische Pandemie bewältigen müssen (oft eine Grippepandemie, da die Grippe wahrscheinlich die meisten Pandemien in der Geschichte verursacht hat). Auf diese Weise können in einem sicheren Umfeld verschiedene Szenarien und geeignete Gegenmaßnahmen erprobt werden, um so besser auf die nächste Pandemie vorbereitet zu sein. Im Oktober 2019 veröffentlichten das Johns Hopkins Center for Health Security in Baltimore und die in Washington, D.C. ansässige Nuclear Threat Initiative ein unter anderem auf den Erkenntnissen solcher Simulationen basierendes Ranking von 195 Ländern nach ihrer Fähigkeit, Ausbrüchen von Infektionskrankheiten erfolgreich zu begegnen. Bei diesem sogenannten Global Health Security Index (GHSI) lagen die USA und Großbritannien auf Platz eins und zwei. Südkorea

Laura Spinney

belegte den neunten Rang, Deutschland kam auf Rang 14, Neuseeland auf Platz 35 und China auf 51.[6] Eine ganze Reihe afrikanischer Länder bildete das Schlusslicht.

Nur wenige Monate später brach eine echte Pandemie aus, mit einer neuen Krankheit, die wir heute als Covid-19 kennen. Nach den ersten gemeldeten Fällen von Covid-19 war rasch klar, dass der GHSI die Realität nicht sehr genau abbildete. China, wo die ersten Fälle gemeldet worden waren, war es gelungen, die Ausbrüche einzudämmen. Neuseeland, das seit Ende März 2020 eine strikte »Null Corona«-Strategie verfolgt hatte, war quasi virusfrei, und auch Südkorea hatte es geschafft, die Kurve der Neuinfektionen abzuflachen. Die USA und Großbritannien hingegen sahen sich wegen ihrer verzögerten und inkohärenten Schutzmaßnahmen in der Kritik.

Auf den zweiten Blick: ein gemischtes Bild

Die Gründe für die Diskrepanz zwischen Simulation und Realität zu ermitteln, ist nicht ganz einfach, zumal mitten in einer Pandemie und vielleicht sogar auch danach. Die 34 Indikatoren, die die Entwickler des GHSI für ihr Ranking verwandten, umfassten messbare Faktoren wie Maßnahmen zur Seuchenüberwachung, die Kapazität von Intensivstationen und die sozioökonomische Belastbarkeit. Was sie nicht berücksichtigten, waren – zugegeben weniger messbare – Faktoren, die wir während der Pandemie vielleicht eher intuitiv wahrnehmen, die aber nicht weniger wichtig sind, wie politische Führungsqualitäten, Vertrauen in die Wissenschaft oder Solidarität in einer Gesellschaft.

Vielleicht erklärt dies in gewissem Maße die geringe Vorhersagekraft des GHSI-Studie, obgleich die Situation – auch 16 Monate nach Beginn der Pandemie – noch immer extrem unbeständig ist. Manche Länder wie Deutschland und Finnland, die anfangs gut reagierten, büßten an

Leistungsfähigkeit ein; andere, die anfangs Schwierigkeiten hatten, haben sich im Laufe der Zeit gesteigert, wie Haiti, Island und Niger. Nachdem es den USA und Großbritannien nicht gelungen war, die anfänglichen Herausforderungen zu meistern, schneiden sie nun bei den Impfungen relativ gut ab.

Vor allem aber ist noch nicht entschieden, ob in dieser Pandemie Demokratien oder Autokratien im Vorteil sind. Die Autokratie China ist in Bezug auf einige wichtige Eckpunkte recht gut gefahren. Dort hat man nicht nur die Krankheit eingedämmt, China ist auch die einzige große Weltwirtschaft, die im Jahr 2020 gewachsen ist. Kanada, die USA und die Schweiz hingegen – drei Länder, die als mustergültige Demokratien gelten – stehen nach denselben Maßstäben gemessen relativ schlecht da. Die Demokratien Australien und Neuseeland haben gut abgeschnitten, die autokratischen Staaten Kambodscha und Venezuela schlecht. Was das für beide Regierungsformen bedeutet, lässt sich nicht eindeutig ermessen.

Autokratien, so das klassische Argument für sie, können besser mit einer Pandemie umgehen, weil sie dank der zentralisierten politischen Macht entschlossener handeln können, während dezentralisierte Demokratien sich schwer damit tun, schnell und kohärent zu reagieren. Das klassische Argument zugunsten der Demokratien ist ihre Transparenz. Ein autokratisches Regime kann Informationen unterdrücken und Warnungen ignorieren, wie offenbar beim ersten Ausbruch von Covid-19 im chinesischen Wuhan geschehen. In einer Demokratie, in der freie Meinungsäußerung ein hohes Gut ist und die Medien nicht gleichgeschaltet sind, gelingt das nur schwer.

Drei mögliche Strategien für Demokratien

Das alles galt schon lange vor Covid-19, und in einem im August letzten Jahres veröffentlichten Aufsatz vertrat der Politökonom David Stasavage die Meinung, dass es auch für heute noch zutrifft.[7] Es sei wenig sinnvoll, danach zu fragen, welches der beiden Systeme eine Pandemie besser bewältigt. Stattdessen solle man die Stärken und Schwächen beider Systeme betrachten und sich dann damit beschäftigen, wie man die Schwächen beseitigen kann. Stasavage schlug drei verschiedene Strategien vor, wie eine Pandemie in einer Demokratie besser bewältigt werden könnte. Die erste besteht darin, einer zentralen Stelle außerordentliche Befugnisse einzuräumen. Die zweite läuft im Grunde genommen ins genaue Gegenteil, nämlich dahin, die Autonomie auf lokaler Ebene zu stärken. Und die dritte betrifft die Schaffung »staatlicher Präventivkapazitäten«, um die Handlungsfähigkeit staatlicher Organe so zu stärken, dass es keiner Notstandsbefugnisse bedarf.

Es gibt historische Präzedenzfälle für den Erfolg zeitlich begrenzter zentraler Bündelung staatlicher Macht für den Katastrophenfall. Das war im Prinzip das Konzept der Diktatur in der Römischen Republik. Bemerkenswert ist hierbei, dass die für die Krise jeweils bestimmten Führungspersonen danach von ihrem Amt wie vorgesehen zurücktraten.

Es gibt historische Präzedenzfälle für den Erfolg des ersten Ansatzes – eine zeitlich begrenzte zentrale Bündelung staatlicher Macht für den Katastrophenfall. Das war im Prinzip das Konzept der Diktatur in der Römischen Republik, und wie uns Historiker mitteilen, hat es gut funktioniert. Bemerkenswert ist hierbei, dass die für die Krise jeweils bestimmten Führungspersonen danach von ihrem Amt wie vorgesehen zurücktraten. Modernen Demokratien gelingt es in der Regel nicht allzu gut, diesem Vorbild zu folgen. Aber bei Covid-19 gab es durchaus erfolgreiche Beispiele dafür. Sowohl Taiwan wie Südkorea haben anhand früherer Epidemieerfahrungen verfassungsrechtliche Rahmenbedingungen entwickelt, um vorübergehende Sondervollmachten zu erteilen und so Infektionsketten besser nachverfolgen und die Ausbreitung des Virus eindämmen zu können. Auch auswärtige Beobachter haben die Ausübung beider Sonderermächtigungen als verhältnismäßig, zeitlich begrenzt und angemessen kontrolliert bewertet.

Allerdings gab es auch zahlreiche Fälle, in denen Sondervollmachten missbraucht wurden. In Ungarn rief Ministerpräsident Viktor Orbán den Notstand aus und ließ sich Sondervollmachten ohne zeitliche Beschränkung übertragen, die es ihm seither erlauben, weitgehend ohne gerichtliche Kontrolle per Verordnung zu regieren. In Israel löste der Einsatz von Sicherheitsdiensten bei der Nachverfolgung von Infektionsketten Sorge vor unzulässigen Eingriffen in die Privatsphäre aus. Und Polens Regierungspartei PiS bestand mitten in der Pandemie auf direkten Wahlen, wobei der Wahlkampf erheblich eingeschränkt war. »Für angehende und etablierte Autokraten hätte Covid-19 wohl zu keinem besseren Zeitpunkt kommen können«, schrieb Stasavage.

Während die meisten Pandemiemaßnahmen gerechtfertigt sind, haben 43 Prozent aller Demokratien Restriktionen eingeführt, die entweder illegal, unverhältnismäßig, unbefristet oder unnötig waren.

»Während in dieser beispiellosen globalen Gesundheitskrise die meisten Pandemiemaßnahmen gerechtfertigt sind, haben 43 Prozent aller Demokratien Restriktionen eingeführt, die entweder illegal, unverhältnismäßig, unbefristet oder unnötig waren«, kritisiert ein im Dezember 2020 veröffentlichter Bericht von International IDEA, einer pro-demokratischen, zwischenstaatlichen Organisation, die in Stockholm ansässig ist.[8] »Wenn wir auch die nicht demokratischen Länder berücksichtigen, steigt die Zahl auf 61 Prozent.« Derartiges Verhalten verringert natürlich das Vertrauen der Menschen in die demokratischen Institutionen, aber er schadet auch der öffentlichen Gesundheit. Der Virologe Christian Drosten, einer der Berater von Bundeskanzlerin Angela Merkel, äußerte sich im April 2020 anerkennend zu ihrer Reaktion auf Covid-19 und fügte hinzu: »Vielleicht ist es ein Merkmal für gute Staatsführung, dass sie die gegenwärtige Situation nicht taktisch-politisch ausnutzt, sondern weiß, wie kontraproduktiv das wäre.«[9]

International IDEA wies in ihrem Bericht aber auch auf Entwicklungen hin, die Hoffnung machen: »In den meisten Demokratien haben Mechanismen der parlamentarischen Kontrolle verhindert, dass die Exekutive über ihr Ziel hinausschießt.« Einige Gerichte, Gesetzgeber und politische Parteien hätten sich erfolgreich dagegen gewehrt, dass demokratische Rechte mit Füßen getreten werden. Der Politikwissenschaftlerin Sheena Chestnut Greitens zufolge sollte man zudem zwischen Befugnissen unterscheiden, die die Demokratie, und solchen, die Freiheitsrechte des Einzelnen beschneiden.[10] Schließlich kursieren in den liberalen Demokratien neben soliden Nachrichten auch jede Menge Fehlinformationen. Fake News über Covid-19 haben den staatlichen Gesundheitskampagnen nachweislich geschadet[11] und sogar eine ganze Armada von Verschwörungstheoretikern[12] hervorgebracht, die, wie die rechten Demonstranten, die im Januar 2021 das US-Kapitol stürmten, in einer alternativen Realität leben, in der Covid-19 nicht existiert.

Ein Notstandsgesetz wie jenes, das dem kambodschanischen Premier Hun Sen gestattete, jede individuelle Kommunikation zu kontrollieren und gleichzeitig strikt die Medien zu überwachen, ist ohne jeden Zweifel undemokratisch. (Kambodscha gilt heute als relativ autoritärer Staat mit demokratischer Fassade.) Aber was ist mit einer Verordnung wie jener, die im sozialistischen Einparteienstaat Vietnam verabschiedet wurde und Geldstrafen für Social-Media-Nutzer vorsieht, die »falsche, unwahre, verzerrte oder verleumderische Informationen teilen«? Amnesty International gehört zu den Kritikern der vietnamesischen Verordnung, aber Daten von YouGov deuten darauf hin, dass die große Mehrheit der vietnamesischen Bevölkerung die Reaktion ihrer Regierung auf die Pandemie gutheißt. Auch international gilt sie als Erfolgsgeschichte[13] für das öffentliche Gesundheitswesen im Land.

Als die Vereinigten Provinzen der Niederlande im 17. Jahrhundert mit England in einen Seekrieg gerieten, brauchten die Generalstaaten wegen ihrer dezentralen Entscheidungsstrukturen viel zu lange, bis Januar 1654, um die Finanzierung ihrer Flotte zu beschließen, obwohl sie schon im Jahr davor eine Niederlage durch England erlitten hatten und die Niederlande der reichere der beiden Staaten waren. Dies ist nur ein Beispiel für die enttäuschende Erfolgsbilanz, wenn im Notfall staatliche Befugnisse auf lokale Stellen delegiert werden. Dennoch wird es auch während der aktuellen Pandemie immer wieder versucht, etwa in den USA, deren Demokratie ohnehin stark dezentralisiert ist und wo es im Vorfeld der Präsidentschaftswahlen im November 2020 an klarer föderaler Führung mangelte.

Die Dezentralisierung von Zuständigkeiten kann nützlich sein, da die staatlichen Maßnahmen dann oft besser auf die lokalen Verhältnisse zugeschnitten sind. Sie muss aber von klaren, zentralisierten Vorgaben begleitet sein.

Frühere Pandemien haben gezeigt, was auch in der jetzigen wieder deutlich wird. Die Dezentralisierung von Zuständigkeiten kann zwar nützlich sein, da die staatlichen Maßnahmen dann oft besser auf die lokalen Verhältnisse zugeschnitten sind. Sie muss aber von klaren, zentralisierten Vorgaben begleitet sein. Berichte über US-amerikanisches Pflegepersonal, das aus Mangel an persönlicher Schutzausrüstung (PSA) Müllsäcke trug, zeigt beispielsweise die Notwendigkeit eines landesweiten PSA-Vorrats und unterstreicht, wie zentrale Investitionen in ein Test-and-Trace-Programm und dessen rasche Koordinierung das Risiko einer unentdeckten Virusausbreitung zwischen benachbarten Bundesstaaten verringert hätten.

Das Covid-19-Virus konnte im Schengen-Raum beinahe ungehindert zirkulieren. Die EU hatte es nicht mit 27 nationalen Epidemien, sondern mit einer großen regionalen Epidemie zu tun.

Zentrale Führung könnte auch den wenig hilfreichen Wettstreit zwischen lokalen Akteuren um begrenzte Ressourcen und damit eine größere soziale Ungleichheit verhindern. In der Europäischen Union beispielsweise wird die Gesundheitspolitik auf nationaler Ebene bestimmt. Aber das Virus konnte in dieser Pandemie im Schengen-Raum beinahe ungehindert zirkulieren; die EU hatte es im Grunde genommen mit einer großen regionalen Epidemie zu tun statt mit 27 nationalen Epidemien. Der Mangel an Koordination zwischen den 27 Mitgliedsstaaten ist zuweilen schmerzlich offensichtlich, nicht zuletzt beim Einsatz von Impfstoffen. Die Europäische Kommission trug diesem Mangel im September 2020 Rechnung, als Kommissionspräsidentin Ursula von der Leyen die Schaffung einer »europäischen Gesundheitsunion« ankündigte, die nationale Gesundheitsstrategien ergänzen soll.

Eine wichtige Säule davon wird die Health Emergency Preparedness and Response Authority (HERA)[14] sein, die nach dem Vorbild der US-amerikanischen Biomedical Advanced Research and Development Authority (BARDA)[15] unter anderem »flexible Herstellungskapazitäten sowie Forschung und Entwicklung von Impfstoffen und Medikamenten« überwachen soll.

Vorbeugung ist die beste Strategie

Die dritte Strategie für Demokratien in einem Pandemienotfall hält Stasavage für die vielversprechendste – den präventiven Aufbau staatlicher Kapazitäten für den Ernstfall. Er warnt allerdings, dieser Ansatz sei nur dann von Erfolg gekrönt, wenn die Öffentlichkeit die Entscheidungsträger auch für langfristiges Denken belohnt – was in Demokratien, die naturgemäß auf kurzfristige Erfolge ausgerichtet sind, alles andere als selbstverständlich ist. Das Faszinierende an dieser Strategie aus meiner Sicht ist: Sie gibt dem kollektiven Gedächtnis eine wichtige Rolle. Eine Bevölkerung, die sich an frühere Notfälle erinnert – vor allem, wenn es sich um negative Erfahrungen handelt –, ist im Zweifel eher bereit, ihrer Regierung zu erlauben, in vorbeugende Maßnahmen zu investieren. So geschehen in Ländern, die 2002 bis 2004 die Epidemie des Schweren Akuten Respiratorischen Syndroms (SARS) durchmachten oder im vergangenen Jahrzehnt das Middle East Respiratory Syndrome (MERS) (beide Krankheiten werden durch Coronaviren verursacht).

Im Zuge von SARS wurde zum Beispiel in Taiwan ein National Health Command Center eingerichtet, dessen Aufgabe es ist, Datenquellen zu integrieren und Notfallpläne für Pandemien zu erstellen. Als die neue Bedrohung Covid-19 auftauchte, besaß Taiwan bereits ein fertiges, effektives Test- und Nachverfolgungssystem und konnte die

Datenbank der nationalen Krankenversicherung mit Informationen der Zoll- und Einwanderungsbehörden sowie Handydaten abgleichen. So konnte der Covid-Ausbruch in Taiwan ohne kompletten Lockdown eingedämmt werden. Wobei zu betonen ist, dass ein solches System nicht erst während einer Pandemie zu entwickeln ist – zumindest nicht so, dass es seinen Nutzen voll entfaltet. Dass hierbei umfangreiche personenbezogene Datensätze an die Regierung weitergeleitet wurden, mag in den Augen datenschutzbewusster Menschen Warnzeichen ausgelöst haben, aber die üblichen verfassungsrechtlichen Schutzmechanismen bezüglich der Weiterverarbeitung dieser Informationen blieben jedoch in Kraft. Zudem, so betont Stasavage, »geben die meisten Bürger in den Vereinigten Staaten ohnehin schon haufenweise Daten über sich selbst an Tech-Unternehmen weiter, ohne dass sie dafür große Gegenleistungen bekämen«.[16]

Eine Bevölkerung, die sich an frühere Notfälle erinnert – vor allem, wenn es sich um negative Erfahrungen handelt –, ist im Zweifel eher bereit, ihrer Regierung zu erlauben, in vorbeugende Maßnahmen zu investieren.

Ähnlich wurde der Senegal früh für seine Covid-19-Maßnahmen gelobt. Auch dort knüpfte man an Erfahrungen an, nämlich die aus der Ebolaepidemie im Jahr 2014, und konnte mit Reisebeschränkungen und Tests den Ausbruch wirksam unter Kontrolle halten. Das Interessante an beiden Beispielen ist, dass Taiwan und Senegal im Kampf gegen Covid-19 kaum so erfolgreich gewesen wären, wenn nicht die Bevölkerung und die Behörden aus vorherigen Epidemien gelernt hätten. Oder wie es John Nkengasong, der Leiter der afrikanischen Seuchenschutzbehörde Africa CDC, Anfang 2021 mir gegenüber zusammenfasste: »In Ländern wie Ihrem ist die Kontaktpersonen-Nachverfolgung

Theorie, in unseren Ländern ist sie Realität.« Viele Afrikanerinnen und Afrikaner haben auf die harte Tour gelernt, was die Einhaltung bestimmter Vorgaben bedeutet und warum sie notwendig ist.

Gleiches gilt für die chinesische Bevölkerung mit ihrer noch lebhaften Erinnerung an die SARS-Epidemie. Und obwohl China als ausgewiesener autokratischer Staat keine Rücksicht auf irgendwelche Bürgerrechte nehmen muss, hat auch hier auf Regierungsebene ein Lernprozess eingesetzt. Nachdem SARS im November 2002 in der südchinesischen Provinz Guangdong ausgebrochen war, infizierten sich rund 8000 Menschen in 26 Ländern damit, fast jeder zehnte starb. Die meisten Todesfälle ereigneten sich auf dem chinesischen Festland und in Hongkong, wo die Menschen erneut daran erinnert wurden, wie furchtbar eine Epidemie ist. Aber die chinesische Regierung musste einsehen, dass sie sich nicht mehr auf den bedingungslosen Gehorsam der Bevölkerung verlassen konnte. Als sie versuchte, den Ausbruch zu vertuschen, füllte sich die Informationslücke mit Angst und Gerüchten, im ganzen Land brachen Unruhen aus. Da sich in China der Zugang zum Internet und zu Social Media seit SARS massiv ausgeweitet hat, war es 2020 für die Regierung noch schwieriger, den Ausbruch der neuen Krankheit Covid-19 zu vertuschen. Selbst Autokratien müssen sich veränderten Umständen anpassen.

Jüngst gemachte Erfahrungen können also die Bürger dazu bringen, ihre politisch Verantwortlichen für präventives Handeln zu belohnen. Genau davon konnte Taiwan profitieren. Nachdem das Land »nur« 180 SARS-Tote zu beklagen hatte, investierte die Regierung so viel in die Pandemievorsorge, dass es in der Lage war, in der potenziell viel schlimmeren Katastrophe von Covid-19 wirksam gegenzusteuern. Umgekehrt hatten die USA und Westeuropa, die von SARS, MERS und Ebola fast völlig verschont geblieben waren, die Lektion über den Wert von Prävention nicht gelernt; hier wurde die Politik nicht für Weitsichtigkeit belohnt. In Großbritannien brauchte man drei Jahre,[17] um die 2016 im Rahmen der Simulationsübung »Exercise Cygnus« aufgedeckten Mängel in der Pandemievorsorge zu beheben, und in den USA strich die Regierung Trump den mit Notfallplanung betrauten Behörden die Mittel.

Die meisten Präventionsbemühungen werden von den Bürgern im Nachhinein als unverhältnismäßig wahrgenommen und die Verantwortlichen an der Wahlurne abgestraft.

Natürlich ist es für die Öffentlichkeit – sprich die Wählerinnen und Wähler – immer schwer zu beurteilen, ob eine bestimmte Katastrophenvorsorge gewirkt hat, zumal es unmöglich ist, den Zeitpunkt, den Ursprung und die Schwere einer Pandemie vorherzusagen. Daher werden die meisten Präventionsbemühungen im Nachhinein als unverhältnismäßig wahrgenommen – entweder gab es zu wenig oder zu viel –, und die Verantwortlichen werden anschließend an der Wahlurne abgestraft. Als Beispiel hierfür steht die ehemalige französische Gesundheitsministerin Roselyne Bachelot, die in der Grippepandemie 2009 Impfstoff im Wert von mindestens zehn Millionen Euro bestellte. Als die erwartete Pandemie dann überraschend harmlos ausfiel und sogar weniger Todesopfer forderte als eine normale Grippesaison (mit weltweit immerhin 650 000[18] Toten), musste sie einen Großteil des Impfstoffs wieder abbestellen und geriet zur Zielscheibe allgemeinen Spotts.

In dem seltenen Fall, dass Präventionsbemühungen tatsächlich als verhältnismäßig empfunden werden, kann die Öffentlichkeit die politisch Verantwortlichen belohnen. Aber das ist per Definition unwahrscheinlich. Meistens gab es für die Politik in der Vergangenheit wenig Anreize, präventiv zu denken – im Gegenteil. Als US-Präsident

Woodrow Wilson 1918, mitten in der schlimmsten Grippepandemie der modernen Geschichte und gegen alles Drängen seiner medizinischen Berater den Kriegsanstrengungen Vorrang vor der öffentlichen Gesundheit einräumte, wurde er dafür genauso wenig kritisiert wie sein späterer Amtskollege Dwight Eisenhower, der bei der Asiatischen Grippe, die 1957 ausbrach (geschätzte Zahl der weltweiten Todesopfer: zwei Millionen), auf private Lösungen statt zentrale staatliche Maßnahmen setzte. Fast 20 Jahre später kündigte US-Präsident Gerald Ford eine große Impfkampagne an, um die Amerikaner vor einer neu entdeckten Grippevariante zu schützen, von der Fachleute befürchteten, sie könne eine ähnlich verheerende Wirkung haben wie die Spanische Grippe von 1918. Als dies ausblieb, hagelte es Kritik aus allen Teilen des politischen Spektrums.

Wir, die wir die gegenwärtige Pandemie durchstehen müssen, haben den Vorteil, dass diese Erfahrung unsere eigenen Wahlentscheidungen leiten kann. Wir können dafür sorgen, dass künftige Generationen besser gegen Epidemien und Pandemien gewappnet sind, als wir es waren.

Dieser »Gerald-Ford-Effekt« ist möglicherweise die größte Achillesferse von Demokratien in einer Pandemie – zumindest solange die Wissenschaft nicht in der Lage ist, mit größerer Genauigkeit eine kommende Pandemie vorherzusagen. Wir, die wir die gegenwärtige Pandemie durchstehen müssen, haben den Vorteil, dass diese Erfahrung unsere eigenen Wahlentscheidungen leiten kann. Wir können dafür sorgen, dass künftige Generationen besser gegen Epidemien und Pandemien gewappnet sind, als wir es waren. So wie viele asiatische Staaten aus SARS und viele afrikanische Staaten aus Ebola ihre Lehren gezogen haben, werden wir aus Covid-19 unsere Lehren ziehen, die auch dann nicht umsonst sein werden, wenn wir nicht mehr selbst davon profitieren.

Was und wer wird sich ändern?

Eine Pandemie verändert die Menschheit – und sie verändert die Demokratie. Um zu beurteilen, wie dauerhaft die legislativen Veränderungen und die anderen Neuerungen sein werden, die die Regierungen während dieser Pandemie in die Wege geleitet haben, ist es indes noch zu früh. Wird die Pandemie die Aushöhlung der Demokratie, die einige Beobachter schon vor Covid-19 zu beobachten meinten, weiter beschleunigen? Oder sollten wir uns auf eine positivere Erkenntnis konzentrieren, nämlich die, dass Demokratie und effektive Pandemiebekämpfung einander nicht zwangsläufig ausschließen? »Zu den Staaten mit der effektivsten Reaktion auf die Ausbreitung von Covid-19 zählen einige der leistungsfähigsten Demokratien überhaupt«, sagte die Hauptautorin des Berichts von International IDEA, Annika Silva-Leander, anlässlich der Veröffentlichung im vergangenen Dezember. Vielleicht werden zur »neuen Normalität«, die sich nach der Pandemie etablieren wird, nicht nur das routinemäßige Tragen von Masken und jährliche Covid-19-Impfungen zählen. Vielleicht werden wir auch unseren Regierungen mehr Zugriff auf unser Privatleben gewähren und ihnen gestatten, die Informationen, die wir erhalten, stärker zu kontrollieren als bisher.

Das Vergessen ist in der Geschichte der Menschheit ein typisches Merkmal von Pandemien. Kurz nachdem eine vorüber ist, vergessen wir sie, und wenn dann die nächste kommt, sind wir so überrascht, als hätte es so etwas noch nie gegeben.

Möglicherweise hilft hier ein Rückblick auf das, was im Nachgang zu früheren Pandemien geschah, ohne dabei natürlich die Bedeutung des jeweiligen Kontexts aus dem Blick zu verlieren. Apropos Vergessen: Dies ist in der Geschichte der Menschheit ein ganz charakteristisches Merkmal von Pandemien – kaum, dass eine vorüber ist, vergessen wir sie, und sind bei der nächsten so überrascht, als hätte es so etwas noch nie gegeben. Das Resultat ist ein Teufelskreis aus Panik und Nachlässigkeit, der viele Gesundheitsexperten zweifeln lässt, ob der Mensch jemals dazulernen wird, um langfristig gegen Pandemien besser gewappnet zu sein.

Aber auch und gerade im Hinblick auf das Vergessen ist der Kontext extrem wichtig. Tatsächlich sind die meisten Pandemien bislang sehr schnell in Vergessenheit geraten, vor allem, wenn man ihren Stellenwert im kollektiven Gedächtnis mit dem von Kriegen vergleicht. (Ich denke zum Beispiel nur an die in den 1920er-/30er-Jahren in Frankreich errichteten rund 170 000 Denkmäler für den Ersten Weltkrieg, von denen viele noch heute stehen, wohingegen es für die Toten der Grippe von 1918 so gut wie keine gibt.) Allerdings findet unter Erinnerungsexperten derzeit eine Debatte[19] darüber statt, ob Covid-19 diesen Trend vielleicht stoppen wird. Immerhin ist es die erste große Pandemie seit der Internetrevolution. (Die Pandemie von 2009 fiel zwar auch schon ins digitale Zeitalter, blieb aber, wie gesagt, hinter den Befürchtungen zurück.)

Nahezu seitdem Covid-19 zum ersten Mal identifiziert wurde, kann jeder, der Zugang zum Internet hat, auch die weltweiten Infektions- und Sterberaten verfolgen. Das könnte die Grundlage dafür sein, dass sie genauer und dauerhafter im kollektiven Gedächtnis bleibt als frühere und so unsere Reaktion auf künftige Pandemien prägt.

Nahezu seitdem seit Covid-19 zum ersten Mal identifiziert wurde, kann jeder, der Zugang zum Internet hat, auch die weltweiten Infektions- und Sterberaten verfolgen. Jeder Einzelne, der vernetzt ist, kann das globale Phänomen nahezu in Echtzeit erleben – mit Dunkelflecken natürlich, aber die gibt es immer. Eine Fülle von Informationen (und, man muss es noch einmal betonen, Fehlinformationen) über die Pandemie sammelte sich an, noch während sie sich entfaltete, und diese Informationen sind nun auf Servern gespeichert und können von künftigen Historikern für ihre Analysen dieser Zeit ausgewertet zu werden. Es sind diese Umstände, welche unsere gegenwärtige Pandemie so besonders machen. Das, so hoffen Fachleute, könnte die Grundlage dafür sein, dass sie genauer und dauerhafter im kollektiven Gedächtnis bleibt als frühere und so unsere Reaktion auf künftige Pandemien prägt.

Am ehesten erinnern sich natürlich immer diejenigen an ein solches Ereignis, die direkt davon betroffen sind – in diesem Fall also vielleicht die Menschen der Generation Z, alle, die in dieser Zeit volljährig geworden sind oder es bald werden. (Menschen neigen dazu, sich später am stärksten an das zu erinnern, was ihnen als junge Erwachsene widerfahren ist, ein Phänomen, das Psychologen als »reminiscence bump« – »Erinnerungsschub« – bezeichnen.) Und so könnte es wohl auch am ehesten die Generation Z sein, die nach dem Ende der Pandemie den Wandel in unserer Gesellschaft vorantreibt. Aber wie genau wird dieser Wandel aussehen?

Lange hat man geglaubt, der Schwarze Tod hätte in Europa die Leibeigenschaft beendet, weil die aus der Pandemie resultierende Arbeitskräfteknappheit den überlebenden Landarbeitern ermöglichte, bessere Rechte und einen besseren Sozialstatus einzufordern. Doch wie der französische Ökonom Thomas Piketty betont, deuten neuere Forschungsergebnisse darauf hin, dass das so nicht stimmt. In einigen Regionen stärkte die Pest sogar das System der Leibeigenschaft, gerade weil Arbeitskraft so kostbar wurde, dass Grundbesitzer noch stärker als bislang motiviert waren, sie zu kontrollieren.[20] »Im Endeffekt«, erzählte Piketty mir im Mai 2020, »haben mächtige Schockerlebnisse wie Pandemien, Kriege oder Börsencrashs immer Auswirkungen auf die Gesellschaft, aber wie genau diese aussehen, hängt davon ab, welcher Theorie über Geschichte, Gesellschaft und Machtverhältnisse die Menschen anhängen – mit einem Wort: Es hängt von der Ideologie ab, und die variiert von Ort zu Ort.«[21] Und Ideologien hatte der GHSI mit seiner Ranking-Liste nicht berücksichtigt.

Piketty steht fest im Lager der Optimisten; er ist davon überzeugt, dass wir im Laufe der Zeit dazulernen werden. An der Grippepandemie von 1918 kann man gut aufzeigen, was er damit meint: Die Welt wurde damals von der Welle vollkommen überrollt, nirgends gab es ein Frühwarnsystem. (Zwar verfügten einige Länder zu diesem Zeitpunkt bereits über Meldesysteme für bestimmte Krankheiten, aber zu Beginn der Pandemie war die Grippe nirgendwo meldepflichtig.) Nach der Pandemie wurde die Meldung von Gesundheitsdaten in vielen Ländern systematisiert und die Überwachung von Krankheiten seither stetig verbessert. Ein weiterer, vielleicht weniger beabsichtigter Effekt war, dass die Pandemie ein Schlaglicht auf Ungleichheiten im Gesundheitswesen zwischen den Staaten, aber auch innerhalb einzelner Staaten warf.

Ab den 1920er-Jahren schufen viele Länder die Grundlagen für öffentliche Gesundheitssysteme, die durch Steuern oder Krankenversicherungssysteme finanziert werden und für die Bevölkerung ansonsten kostenfrei sind. Solche Konzepte waren zwar schon vor der Pandemie im Gespräch, wurden aber erst danach in die Praxis umgesetzt. Die Pandemie habe die Notwendigkeit offenkundig gemacht, gesundheitlichen Problemen, die die gesamte Bevölkerungen betreffen, mit einem bevölkerungsweiten Ansatz zu begegnen und damit die Ungleichheiten in der Gesundheitsversorgung abzuschaffen, die auf so schmerzhafte Weise offensichtlich geworden waren.

Pandemien können als Korrektive der Ungleichheit wirken: Ungleichheit führt zu Pandemien, die die Menschen veranlassen, diese Ungleichheit zu verringern.

Insofern können Pandemien als Korrektive der Ungleichheit wirken. Falls der Historiker Turchin recht hat, dass große Pandemien nicht zufällig in Zeiten hoher sozialer Ungleichheit auftreten, dürfte man sogar vermuten, dass sich diese langfristig selbst korrigiert: Ungleichheit führt zu Pandemien, die wiederum die Menschen veranlassen, diese Ungleichheit zu verringern. Im Nachgang der Pandemie von 1918 schufen viele Länder Gesundheitsministerien oder organisierten bestehende um, weil sie die Notwendigkeit erkannten, in Krisenzeiten über einen Mechanismus zu verfügen, der die Verteilung von Kompetenzen und Ressourcen an die für die öffentliche Gesundheitsversorgung Verantwortlichen regelt. In den 1920er-Jahren wurden auch die ersten wirklich proaktiven internationalen Organisationen für öffentliche Gesundheit gegründet, die Vorläufer der heutigen Weltgesundheitsorganisation (WHO). Die Welt hatte erkannt, dass sie ein Gremium braucht, das einer globalen Krise global begegnen kann.

Heute ist die soziale Ungleichheit in der Welt trotz aktueller Zunahme weitaus geringer als im Jahr 1914. Der Optimist Piketty folgert daraus, dass diese Entwicklung, zusammen mit anderen, Früchte getragen hat. Allerdings bedeutet das gegenwärtige Anwachsen sozialer Ungleichheit, dass wir eine neue Korrektur brauchen. Was können wir da erhoffen? Zumindest könnte die Pandemie Wählerinnen und Wählern zeigen, wie wichtig öffentliche Investitionen in die Gesundheitsversorgung und Strategien zur Verhinderung künftiger Katastrophen sind. Sie könnte eine offene Debatte darüber anstoßen, wie umfassend beziehungsweise inklusiv unsere Gesundheitsversorgung wirklich ist. Vielleicht wird sie zu einer breiteren Diskussion darüber führen, ob und wieweit liberale Gesellschaften Informationen regulieren sollten. Und ob die heutige WHO, die während dieser Pandemie zeitweise reduziert schien auf einen Schauplatz, auf dem die USA und China ihren Handelskrieg weiterführten, noch ihren Zweck erfüllen kann.

Werden unsere Gesellschaften sogar noch weiter gehen und etwas gegen die globale, vom freien Kapitalverkehr getriebene Ungleichheit unternehmen, die den Klimawandel, die andere, nicht minder ernste Bedrohung der Menschheit, verschärft[22] und umgekehrt durch sie weiter verschärft wird?[23] Die jüngste Forderung[24] von US-Präsident Joe Biden nach einer globalen Mindeststeuer für Unternehmen könnte darauf schließen lassen. Andererseits lehrt uns die Geschichte, den Einfluss von Ideologien niemals zu unterschätzen.

Wird es auf globaler Ebene zu mehr Isolationismus oder mehr Internationalismus kommen? Zu mehr oder zu weniger sozialer Ungleichheit? Zu mehr oder weniger Demokratie?

Die Pandemie könnte die Entwicklung von Instrumenten zur internationalen Zusammenarbeit wie der europäischen HERA befördern. Aber sie könnte die Staaten ebenso gut dazu verleiten, die Impfstoffproduktion ins eigene Land zu holen, um beim nächsten Mal nicht mehr von anderen abhängig zu sein oder von den Unwägbarkeiten fragiler, ausgedehnter Lieferketten. Sie könnte zu größerem Zusammenhalt in Europa führen, aber ebenso gut zu mehr Nationalismus. Werden wir auf globaler Ebene mehr Isolationismus oder mehr Internationalismus erleben? Mehr oder weniger soziale Ungleichheit? Mehr oder weniger Demokratie?

Die Antworten auf all diese Fragen liegen in der Zukunft. Heute lässt sich nur festhalten, dass es wahrscheinlich kein klares Muster geben wird. Aber das sollte uns zugleich auch bestärken, denn nach Charles Darwin ist Vielfalt der Schlüssel für die Anpassungsfähigkeit eines jeden Organismus. Auf die Dauer könnte das Fehlen eines »klaren Musters« die Voraussetzung für das Überleben unserer Spezies sein.

Aus dem Englischen von Cornelius Hartz

Anmerkungen

1 Daron Acemoğlu et al.: »Democracy Does Cause Growth«. https://www.journals.u chicago.edu/doi/10.1086/700936
2 Thomas J. Bollyky et al.: »The relationships between democratic experience, adult health, and cuase-specific mortality in 170 countries between 1980 und 2016: an observational analysis«. https://www.thelancet.com/journals/lancet/article/PIIS014 0-6736(19)30235-1/fulltext
3 RSF's 2020 Round-up: »50 journalists killed, two-thirds in countries ›at peace‹«. https://rsf.org/en/news/rsfs-2020-round-50-journalists-killed-two-thirds-coun tries-peace
4 Daron Acemoğlu et al.: »Democracy, Redistribution and Inequality«. October 2013. https://scholar.harvard.edu/files/jrobinson/files/democracy-and-inequality-de cember-5-2013.pdf
5 Laura Spinney: »Inequality doesn't just make pandemics worse – it could cause them«. https://www.theguardian.com/commentisfree/2020/apr/12/inequality-pandemic-lockdown
6 2019 Global Health Security Index. https://www.ghsindex.org/
7 David Stasavage: »Democracy, Autocracy, and Emergency Threats: Lessons for CO-VID-19 From the Last Thousand Years«. https://www.cambridge.org/core/journals/international-organization/article/democracy-autocracy-and-emergency-threats-lessons-for-covid19-from-the-last-thousand-years/C4A106463606BE4C0310E56 A3A15F5B7
8 The Global State of Democracy. Taking Stock of Global Democratic Trends Before and During the COVID-19 Pandemic. https://www.idea.int/news-media/news/nearly-half-democracies-have-regressed-basic-rights-2020-measures-combat-covid-19

9 Laura Spinney: Germany's Covid-19 expert: »For many, I'm the evil guy crippling the economy«. Interview. https://www.theguardian.com/world/2020/apr/26/virolo gist-christian-drosten-germany-coronavirus-expert-interview

10 Sheena Chestnut Greitens: »Surveillance, Security, and Liberal Democracy in the Post-COVID World«. https://www.cambridge.org/core/journals/international-orga nization/article/surveillance-security-and-liberal-democracy-in-the-postcovid-world/15CDF2C062ADCAAD6B5D224630F62B1D

11 Diego Carrion-Alvarez, Perla X. Tijerina-Salina: »Fake news in COVID-19: A per-spective«. https://www.ncbi.nlm.nih.gov/pmc/articles/PMC7722992/

12 Samira Shackle: »Among the Covid sceptics: ›We are being manipulated, without a shadow of doubt‹«. https://www.theguardian.com/news/2021/apr/08/among-covid-sceptics-we-are-being-manipulated-anti-lockdown

13 Todd Pollack et al.: »Emerging COVID-19 succes story: Vietnam's commitment to containment«. https://ourworldindata.org/covid-exemplar-vietnam

14 Health emergency preparedness and response authority (HERA): European Com-mission launches public consultation. https://www.eureporter.co/health/2021/04/07/health-emergency-preparedness-and-response-authority-hera-european-commis sion-launches-public-consultation/

15 Doing Business with BARDA. https://www.phe.gov/about/barda/Pages/default.aspx

16 Siehe Anmerkung 7

17 Oscar Williams: »Why we are fatally unprepared when crisis strike«. https://www.newstatesman.com/oliver-letwin-apocalypse-how-review

18 Up to 650 000 people die of respiratory diseases linked to seasonal flu each year. https://www.who.int/news/item/13-12-2017-up-to-650-000-people-die-of-respira tory-diseases-linked-to-seasonal-flu-each-year

19 Astrid Erll: Afterword: »Memory worlds in time of corona«. https://journals.sage pub.com/doi/10.1177/1750698020943014

20 Thomas Piketty: »Capital and Ideology«. https://www.hup.harvard.edu/catalog.php ?isbn=9780674980822

21 Laura Spinney: »Will coronavirus lead to fairer societies? Thomas Piketty explores the prospect. Interview«. https://www.theguardian.com/world/2020/may/12/will-co ronavirus-lead-to-fairer-societies-thomas-piketty-explores-the-prospect

22 Shang-Jin Wei: »How trade tariffs could help combat climate change«. https://www.weforum.org/agenda/2019/05/the-case-for-climate-tariffs/

23 Noah S. Diffenbaugh, Marshall Burke: »Global warming has increased global econo-mic inequality«. https://www.pnas.org/content/116/20/9808

24 Factbox: »Key elements of Biden's corporate taxhike plan«. https://www.reuters.com/article/us-usa-biden-taxes-factbox-idUSKBN2BN3NU

Die Klimapolitik wird zum Stresstest unserer Demokratie

Wie wir ihn durch Offenheit und gerechte Lastenverteilung bestehen

Von Ottmar Edenhofer

Der Klimawandel ist ein Stresstest für die Demokratien, auch für die Demokratie in Deutschland. In den vergangenen Jahren wurden die Voraussetzungen dafür geschaffen, diese Herausforderungen zu meistern. Das Bundesverfassungsgericht hat mit seiner Entscheidung vom April 2021 nicht nur eine Verschärfung der Klimaziele herbeigeführt, sondern die Politik zu einer glaubwürdigen Selbstbindung verpflichtet.

Dies ist ein grundlegender, zentraler Fortschritt. Die Politik, so das Urteil des Gerichts, muss einen langfristig glaubwürdigen Pfad für die Treibhausgasreduktion festlegen. Die heutige Generation dürfe die Freiheitsrechte kommender Generationen nicht dadurch ungebührlich einschränken, dass sie ihren Beitrag zur notwendigen Emissionsminderung weiter verzögert. Wird das verbleibende CO_2-Budget – dessen Festlegung das Bundesverfassungsgericht dem Gesetzgeber überlässt – schon bis 2030 weitgehend verbraucht, verschärft sich das

Risiko schwerwiegender zukünftiger Freiheitseinbußen, weil damit die Zeitspanne für technische und soziale Anpassungen an die Klimaauswirkungen knapper wird. Die Bundesregierung dürfe dies, so das Urteil, nicht tatenlos hinnehmen.

In der daraufhin beschlossenen Novelle des Klimaschutzgesetzes will die Bundesregierung Treibhausgasneutralität bis 2045 erreichen, als Zwischenziele sollen die Emissionen bis 2030 um 65 Prozent vermindert werden, bis 2040 um 88 Prozent. Bis 2045 gibt es rechtlich verbindliche jährliche Minderungsziele. Diese verschärften Zielvorgaben werden zu steigenden Preisen führen: Ein CO_2-Preis von 50 Euro würde dann einen Preisanstieg für Benzin von etwa 16 Cent pro Liter bedeuten. Im Verlauf der nächsten Dekade werden die Preise noch schneller steigen müssen, wenn diese Ziele erreicht werden sollen.

Die Übersetzung von Mengenzielen in Preise macht deutlich, dass Klimapolitik nicht kostenlos ist, zu sozialen Konflikten führen kann und auch deshalb beträchtlicher Innovationen bedarf. Nach der Bundestagswahl 2021 wird es darum gehen, die »grüne Null«, also Treibhausgasneutralität, so zu erreichen, dass demokratische Institutionen gestärkt werden, die Marktwirtschaft sozial und ökologisch erneuert wird und die deutsche sowie die europäische Volkswirtschaft ihre Fähigkeit zur technischen Innovation unter Beweis stellen kann.

Die klimapolitischen Herausforderungen für Deutschland

Der *European Green Deal*, das Ende 2019 von der EU-Kommission vorgestellte Klimaschutzkonzept, umreißt die ehrgeizigen Ziele der neuen Kommission. Seither hat die Europäische Union die für 2050 angekündigte Klimaneutralität mit ambitionierteren Zielen für 2030 untermauert; es sollen dann nicht 40, sondern 55 Prozent weniger Treibhausgase emittiert werden als 1990. Und mehr noch: Europa hat damit einen Paradigmenwechsel für die Klimapolitik, aber auch für die Wirtschaftspolitik insgesamt eingeleitet.

Für einen Strukturwandel, der in der europäischen Wirtschaftsgeschichte seinesgleichen sucht, muss der regulatorische Flickenteppich von heute durch einen neuen ordnungspolitischen Rahmen ersetzt werden.

Denn es scheint sich in Brüssel eine wichtige Erkenntnis durchzusetzen: Für einen Strukturwandel, der in der europäischen Wirtschaftsgeschichte seinesgleichen sucht, muss der regulatorische Flickenteppich von heute durch einen neuen ordnungspolitischen Rahmen ersetzt werden. Es geht ja nicht mehr nur darum, Kohle- und Gaskraftwerke durch Wind und Solar zu ersetzen, – auch die Emissionen im Verkehrs- und Gebäudesektor sowie in der Breite der Industrie müssen innerhalb einer Generation auf null heruntergefahren werden. Wir brauchen Elektromobilität, synthetische Kraftstoffe sowie mit Grünstrom produzierten Wasserstoff oder CO_2-freie Stahlwerke. Und wir brauchen in großem Stil neue Technologien, um die nicht vermeidbaren Restemissionen der Atmosphäre wieder zu entziehen. Zudem signalisiert der *Green Deal* mit »no person, no place left behind«, dass diese Transformation dem Anspruch der sozialen Gerechtigkeit standhalten muss.

All das bietet eine große Chance, die Europa nicht verspielen darf. Die Wirtschaft will diese Chance nutzen und in das Ziel der Klimaneutralität investieren, wie jüngste Stellungnahmen, zum Beispiel vom Bundesverband der Energie- und Wasserwirtschaft oder dem Europäischen Automobilherstellerverband, immer wieder zeigen. Aber es bedarf dazu eben der richtigen Anreize.[1]

Um den neuen ordnungspolitischen Rahmen jetzt zu gestalten, kann die Politik auf einem inzwischen durchaus tragfähigen Fundament aufbauen: dem bereits 2005 eingerichteten Europäischen Emissions-handelssystem (EU-ETS) für die Energiewirtschaft und energieinten-sive Teile der Industrie. Seit 2017 ist der Preis für das limitierte Recht, das Treibhausgas CO_2 auszustoßen, von fünf auf zuletzt rund 58 Euro pro Tonne gestiegen. Die Folgen sind beträchtlich – die Emissionen im Stromsektor nehmen ab, der Kohleausstieg beschleunigt sich. Aber im Verkehrs- und Gebäudesektor sinken die Emissionen bisher eben-so wenig wie in der Landwirtschaft. Der Grund liegt auf der Hand: Es fehlt dort ein vergleichbar erfolgreiches Instrument, um sie abzu-bauen.

Zwar hatten sich im Rahmen des inzwischen verschärften EU-Ziels, den Gesamtausstoß bis 2030 um 40 Prozent zu senken, die EU-Mit-gliedsstaaten auf eine Lastenteilung geeinigt. Danach hat sich jedes Land verpflichtende nationale Ziele zu setzen. Wenn ein Land sein Minderungsziel nicht erreicht, kann es von einem anderen sogenannte Emissions-zuweisungen erwerben. Aber in der Praxis funktioniert die-ser rein zwischenstaatliche Handel nicht, denn das Preissignal erreicht nicht diejenigen, auf die es vor allem ankommt, nämlich die Verbrau-cherinnen und Verbraucher und die Unternehmen. Mit ein wenig An-passung hier und ein wenig Kompromiss dort kann Europa seine verschärften klimapolitischen Ziele nicht erreichen.

Es läge nun nahe, den bestehenden europäischen Emissionshandel einfach um den Verkehrs- und Gebäudesektor sowie um die Landwirt-schaft und die nicht vom EU-ETS abgedeckten Teile der Industrie zu erweitern. Ein solches übergreifendes Instrument hätte den Vorteil, dass die Emissionen in den Sektoren vermieden werden, wo dies volkswirt-schaftlich am kostengünstigsten realisierbar ist. Aber dieser Weg wäre mit zu hohen politischen Kosten verbunden. Da Emissionsminderun-gen im Verkehrs- und Gebäudesektor im Vergleich sehr kostspielig sind, würde eine Integration dieser Sektoren in den EU-ETS einen signifikanten Anstieg des CO_2-Preises nach sich ziehen. Einer ersten Abschätzung des Potsdam-Instituts für Klimafolgenforschung zufolge, würden die bisherigen Teilnehmer am Emissionshandel zwar dann im Jahr 2030 voraussichtlich rund 80 Prozent weniger CO_2 emittieren als noch 2005, hingegen wären es in den restlichen Sektoren der Wirtschaft, wo die CO_2-Minderung schwerer zu realisieren ist, nur rund 30 Prozent weniger. Die energieintensive Industrie würde in diesem Szenario um ihre internationale Wettbewerbsfähigkeit bangen. Der Kohleausstieg würde sich so stark beschleunigen, dass dies zum Beispiel in Polen, das noch in hohem Maße von der Kohle abhängig ist, zu erheblichen sozialen Verwerfungen führen könnte. Wer auf ein solches Szenario setzt, riskiert die derzeit wachsende Zustimmung zu der soeben beschlossenen ambitionierten EU-Klimapolitik.

Ohne ein glaubwürdiges CO_2-Preissignal werden die Emissionen auch in Zukunft nicht sinken und die dafür dringend benötigten Innovationen bleiben aus.

Worauf läuft es also dann hinaus? Der bisherige Flickenteppich aus Förderprogrammen, Verboten und Technologiestandards ist nicht zielführend, wie die anhaltend hohen Emissionen im Verkehrssektor beispielhaft zeigen. Die immer ehrgeizigeren Pkw-Flottenverbrauchsstandards vermindern zwar die Emissionen pro gefahrenem Kilometer, verhindern aber nicht, dass die Autos immer schwerer werden und mehr gefahren werden. Es führt kein Weg an der Einsicht vorbei: Die Flottenverbrauchsstandards müssen durch einen CO_2-Preis ergänzt werden. Denn ohne ein glaubwürdiges CO_2-Preissignal werden die Emissionen auch in Zukunft nicht sinken und die dafür dringend benötigten Innovationen ausbleiben.

Ottmar Edenhofer   71

Hinzu kommt, dass diese Standards regressiv wirken, wie empirische Untersuchungen für den Verkehrssektor in den Vereinigten Staaten gezeigt haben:[2] Flottenstandards führen zwar zu einer höheren Energieeffizienz von Fahrzeugen, aber auch zu höheren Fahrzeugkosten. Weil Haushalte mit einem geringen Einkommen tendenziell auch Pkws mit geringerer Fahrleistung halten, fallen die Einsparungen durch die höhere Energieeffizienz in der Konsequenz relativ niedrig aus und gleichen die höheren Anschaffungskosten für Kraftfahrzeuge nicht aus. Bei reicheren Haushalten dagegen führt die sparsamere Antriebstechnik wegen der höheren Fahrleistungen zu deutlichen Einsparungen in den Kraftstoffkosten.

Für einen zweiten Emissionshandel

Wie also können die ambitionierten Ziele des EU *Green Deal* national verzahnt und sozial gerecht ausgestaltet werden? Die Lösung liegt in der Einführung eines zweiten Emissionshandels für die nicht vom EU-ETS abgedeckten Sektoren. Technisch ist dies am besten umsetzbar, indem alle fossilen Brennstoffe an der Stelle erfasst werden, an der sie in den Wirtschaftskreislauf eintreten. Für ein solches *Upstream-System* gibt es bereits ein Vorbild, nämlich den zu Jahresbeginn 2021 eingeführten nationalen Emissionsrechtehandel in Deutschland. Verwerfungen wie bei einem sektorübergreifenden System werden dadurch vermieden, dass es dann in der Stromwirtschaft und der energieintensiven Industrie einen geringeren CO_2-Preis gibt als in den anderen Sektoren. Sollte der Unterschied in den Preisen zu hoch ausfallen, könnte die Politik einen begrenzten Zertifikatehandel zwischen den beiden Systemen erlauben. Spekulative Übertreibungen, die Investoren verunsichern, lassen sich durch einen Korridor von Mindest- und Höchstpreisen verhindern, flankierend dazu können Technologiestandards einen allzu starken Preisanstieg dämpfen. Zusätzlich wird man den Ausstoß anderer Treibhausgase, etwa von Methan in der Landwirtschaft, gesondert regulieren müssen.[3]

Der Aufbau eines solchen zweiten Emissionshandels, der als Zwischenschritt zu einer am Ende einheitlichen CO_2-Bepreisung verstanden und mit einem klaren Fahrplan versehen werden muss, stellt durchaus eine sozialpolitische Herausforderung dar. Denn die Energiewirtschaft und die energieintensive Industrie werden weniger belastet als Privathaushalte, da zusätzliche Kosten an die Endverbrauchenden weitergegeben werden können. Das trifft vor allem einkommensschwache Haushalte, die einen besonders hohen Teil ihres Einkommens für Wärme, Strom und Kraftstoffe verwenden. Es ist wichtig, dass diese Bevölkerungsgruppe an anderer Stelle entlastet wird. Der Staat muss dafür einen Teil der Einnahmen reservieren, den er aus der Versteigerung der Emissionsrechte erzielt.

Dieser Ansatz einer umfassenden CO_2-Bepreisung gäbe Europas Klima- und Wirtschaftspolitik eine neue, klare Richtung. Damit ließe sich die nötige Innovationsoffensive bewältigen, auch mit Blick auf die Notwendigkeit, der Atmosphäre großflächig CO_2 zu entziehen. Für diese »negativen Emissionen« gibt es dann auch negative CO_2-Preise, also eine finanzielle Vergütung. Sicherlich muss die Politik noch weitere wichtige Hausaufgaben machen. Dazu gehört auch eine Reform der Gemeinsamen Agrarpolitik, die die europäische Landwirtschaft umfassend auf ein neues Gleis in Richtung Klimaneutralität setzt. Aber versehen mit dem passenden ordnungspolitischen Rahmen hält der *European Green Deal* für die Investoren und die Finanzmärkte eine klare Botschaft bereit: Europa kündigt nicht nur Ziele an, es will sie auch erreichen.

Begleitet wird der *Green Deal* vom *Just Transition Fund*, der in besonders stark betroffenen Regionen die sozioökonomischen Auswirkungen des Wandels abfedern soll. Auf nationaler Ebene gibt es bereits Erfahrungen mit und konkrete Optionen für die Ausgestaltung eines sozial gerechten Übergangs zur Klimaneutralität.

Eine sozial gerechte Gestaltung steigender CO_2-Preise

Um bei steigenden CO_2-Preisen eine gerechte Verteilung der Kosten zu gewährleisten, ist eine stärkere Entlastung einkommensschwacher Haushalte notwendig. Die Klimadividende, ausgezahlt als Pro-Kopf-Rückerstattung, stellt dafür einen sinnvollen Weg dar.

Es ist bislang noch unklar, welche konkreten Verpflichtungen Deutschland angesichts der verschärften europäischen Ambitionen übernehmen muss. Die Bundesregierung setzt nun in ihren Bemühungen unter anderem auf einen nationalen Emissionshandel, der diejenigen Sektoren umfasst, die bisher noch nicht Teil des EU-ETS sind. Bis 2025 soll hier der CO_2-Preis auf 55 Euro pro Tonne CO_2 steigen und ab 2026 im Rahmen eines Preiskorridors von zunächst zwischen 55 und 65 Euro pro Tonne CO_2 freigegeben werden. Die Menge an auszugebenden Zertifikaten soll dabei ab 2026, basierend auf den Mengenzielen aus der europäischen Lastenteilungsverordnung, bestimmt werden. Hierbei wird der Preiskorridor für die Jahre nach 2026 erst 2025 festgelegt.

Da der zweite europäische Emissionshandel vermutlich erst nach 2027 zu wirken beginnt, kann Deutschland mit seinem nationalen Emissionshandel Erfahrungen sammeln und die Integration mit dem zweiten europäischen Emissionshandel vorbereiten. Die Novelle des Klimaschutzgesetzes überlässt es dem Gesetzgeber, nach einer entsprechenden Evaluierung die Untergrenze angemessen fortzuschreiben, zum Beispiel als Reaktion auf neue wissenschaftliche Erkenntnisse oder auf zukünftige Regelungen etwa auf europäischer Ebene. Im Vorfeld der Bundestagswahlen 2021 diskutierten die Parteien bereits eine zügigere Anhebung des CO_2-Preises auf 65 Euro pro Tonne CO_2 sowie den Zeitpunkt der Überführung in den marktwirtschaftlichen Handel.

Neueste Berechnungen erwarten CO_2-Preise für den Strom- und Industriesektor von 130 Euro im Jahr 2030, in den Bereichen Wärme und Verkehr könnten diese noch deutlich darüber liegen. Auf jeden Fall ist ein starker Anstieg der CO_2-Preise nach 2026 notwendig.

Damit ist eine tragfähige Grundstruktur für einen nationalen CO_2-Preis geschaffen. Aufgrund des ambitionierten Ziels gehen neueste Modellberechnungen von CO_2-Preisen für den Strom- und Industriesektor von 130 Euro im Jahr 2030 aus;[4] in den Bereichen Wärme und Verkehr könnten diese noch deutlich darüber liegen.[5] Um die definierten Ziele erreichen zu können, ist auf jeden Fall ein starker Anstieg der CO_2-Preise nach 2026 notwendig. Für Investoren ergibt sich hinsichtlich der Preisentwicklung nach 2026 damit zwar eine beträchtliche Unsicherheit. Aber es besteht kein Zweifel über die Richtung, die die Veränderung nehmen wird, – der Preis wird steigen. Dies schafft langfristige Anreize für Investitionen in Innovation und Technologie.

Neben der CO_2-Bepreisung setzt die Bundesregierung vor allem auf Fördermaßnahmen als zusätzliches Instrument.[6] Gebäudesanierung, Subventionierung der Bahn, Prämien für E-Autos oder die Pendlerpauschale sind teuer. Eine umfassende Bewertung der Verteilungswirkungen der einzelnen Programme hinsichtlich ihrer Belastung für die einzelnen Haushaltstypen ist zwar schwer, dennoch ist davon auszugehen, dass Steuererleichterungen und Förderprogramme wegen des höheren Grenzsteuersatzes eher vermögenderen Haushalten zugutekommen.[7] So ist auch die Anhebung der Pendlerpauschale ein wenig effektives Instrument, um die einkommensschwachen Haushalte auf dem Land zu entlasten. Selbst von einem einkommensunabhängigen Mobilitätsgeld profitieren vor allem Mittel- und Vielverdiener, da sich unter ihnen mehr Fernpendler befinden.[8] Insgesamt werden vom finanziellen Gesamtvolumen des Klimapakets von 62 Milliarden Euro bis zum Jahr 2023 nur 25 Prozent für die direkte Entlastung der Haushalte aufgewendet, für Klimaschutzmaßnahmen und Förderprogramme dagegen 47 Milliarden Euro.[9]

Die Klimadividende bedeutet, dass die Einnahmen aus der CO_2-Bepreisung an die Bürgerinnen und Bürger zurückgegeben werden. Wer weniger CO_2 verbraucht hat, macht unterm Strich einen Gewinn.

Die Klimadividende bevorzugt keineswegs, wie oft befürchtet, die obere Mittelschicht. Denn der CO_2-Verbrauch einkommensstarker Haushalte ist höher als der von einkommensschwachen, weil sie in größeren Wohnungen leben und schwerere Autos fahren. Erhalten Emissionen also einen Preis, zahlen sie mehr. Werden die Einnahmen dann gleichmäßig an die Bürgerinnen und Bürger zurückgegeben, machen jene, die weniger CO_2 verbraucht haben, unter dem Strich einen Gewinn. Die Unterschiede zwischen Stadt und Land verschwinden fast vollständig. Fernpendler und Haushalte mit Ölheizung sind zwar etwas höher belastet, schneiden aber mit der Pro-Kopf-Rückerstattung immer noch deutlich besser ab als mit allen anderen Rückerstattungsoptionen. Diese Option ist jedoch mit administrativen Hürden verbunden, die eine kurzfristige Umsetzung behindern.[10]

Aber auch kurzfristig umsetzbare Entlastungen sind möglich: Finanziert man die Förderung der erneuerbaren Energien mit den Einnahmen aus der CO_2-Bepreisung (anstatt wie derzeit über eine Umlage auf den Strompreis für die Endverbraucher), wird der Strompreis sinken. Dadurch kann die Gesamtbelastung der ärmsten Haushalte nahezu auf null gedrückt werden. Zwar profitiert von einer Strompreissenkung zu zwei Dritteln die Wirtschaft, obwohl sie nur ein Drittel der CO_2-Bepreisung im Verkehrs- und Gebäudebereich finanziert. Aber diese Schieflage verringert sich, wenn Haushalte in Zukunft mehr Elektroautos und Wärmepumpen nutzen und entsprechend stärker von geringeren Strompreisen profitieren. Die Verminderung der Stromsteuer führt zu einer weiteren Absenkung des Strompreises.

Eine Absenkung von EEG-Umlage und Stromsteuer wäre aber nicht nur verteilungspolitisch sinnvoll. Haushaltskunden in Deutschland zahlen für Abgaben und Steuern auf Strom derzeit etwa doppelt so viel wie der europäische Durchschnitt. Durch einen niedrigeren Strompreis werden strombetriebene Pkw und Wärmepumpen auch ohne Subventionen wettbewerbsfähig, die Dekarbonisierung des Verkehrs- und Gebäudesektors würde damit beschleunigt. Darüber hinaus ist eine verursachergerechte Anhebung der Netzkosten notwendig, um den Netzausbau wirtschaftlich voranzutreiben. Dieses Maßnahmenbündel ermöglicht eine Preisbildung am Strommarkt, die sowohl eine bessere Sektorkopplung bewirkt, also übergreifende Lösungsansätze für das Gesamtsystem, als auch vermehrte Investitionen in Speichertechnologien.

Die Kosten von Lärm, Stau, lokaler Luftverschmutzung oder Überdüngung werden von den Verursachern auf die Allgemeinheit abgewälzt. Marktwirtschaften steigern aber nur dann den Wohlstand, wenn diejenigen für die Kosten aufkommen, die sie verursachen.

Eine mutige ökologische Steuerreform kann Wohlstand sichern

Ein CO_2-Preis, erhoben auf die fossilen Energieträger, reflektiert jedoch nur die externen Kosten des Klimawandels. Soll der Wohlstand einer Nation erhalten werden, müssen alle relevanten sozialen Kosten Eingang in die privatwirtschaftliche Kostenrechnung finden. Die Kosten von Lärm, Stau, lokaler Luftverschmutzung oder Überdüngung werden heute von den Verursachern auf die Allgemeinheit abgewälzt. Marktwirtschaften steigern aber nur dann den Wohlstand, wenn diejenigen für die Kosten aufkommen, die sie verursachen.

Der Ökonom Arthur Cecil Pigou legte den Grundstein für den Begriff der sozialen Kosten, als er sich im frühen 20. Jahrhundert mit den gesellschaftlichen Auswirkungen der zunehmenden Verschmutzung der Industriestadt Manchester beschäftigte.[11] Erzeugt die Produktion sogenannte Externalitäten, also Kosten, die auf die Allgemeinheit abgewälzt werden, müssen sie durch Lenkungsabgaben den Verursachern zugerechnet werden. Die Kosten, die ohne Lenkungsabgaben von der Allgemeinheit getragen werden müssten, gehen in das privatwirtschaftliche Kalkül von Unternehmen ein, werden also internalisiert. Die Pigou- oder Lenkungssteuern haben zum Ziel, Anreize zu schaffen, um diese Schäden zu vermindern.

Eine umfassende Studie zu den Reformoptionen einer nachhaltigen Steuerpolitik zeigt[12], dass die Einnahmen aus den bisherigen Lenkungssteuern und -abgaben nur einen Bruchteil der tatsächlichen Schäden decken – im Jahr 2019 waren dies lediglich 107 Milliarden Euro. Die gesamten Externalitäten werden jedoch mit mindestens 455 Milliarden Euro beziffert; es könnten sogar bis zu 671 Milliarden Euro sein, da manche Schäden nur unvollständig erfasst werden. Der Staat könnte mit entsprechenden Lenkungssteuern jährlich 348 bis 564 Milliarden Euro zusätzliche Einnahmen verzeichnen, also etwa 44 bis 71 Prozent des derzeitigen gesamten Steueraufkommens.[13]

Die Landwirtschaft und die Landnutzung emittieren Treibhausgase, stellen aber auch wichtige Senken zur Bindung von Kohlenstoff zur Verfügung.[14] Insgesamt machen die Brutto-Emissionsflüsse dieser Sektoren (also die Summe aus positiven wie negativen Emissionen) etwa ein Fünftel der deutschen Treibhausgasemissionen aus.

Eine Bepreisung von Treibhausgasemissionen in der Landwirtschaft führt nicht nur direkt zu ihrer Absenkung, sondern vermindert mittelbar auch den Stickstoffeintrag oder den Einsatz von Antibiotika in der Tiermast.

Eine Bepreisung von Treibhausgasemissionen in der Landwirtschaft führt nicht nur direkt zu ihrer Absenkung, sondern vermindert darüber hinaus auch den Stickstoffeintrag oder den Einsatz von Antibiotika in der Tiermast: Der Kauf CO_2-intensiver Produkte (wie zum Beispiel Rindfleisch) wird gegenüber Produkten mit einer besseren CO_2-Bilanz (wie zum Beispiel Geflügel) zurückgedrängt. Als direkte Folge erfahren insbesondere tierische Produkte aufgrund ihrer negativen Umweltwirkungen einen im Vergleich zu pflanzlichen Produkten deutlichen Preisanstieg und werden damit letztlich auch weniger nachgefragt. Dadurch sinkt wiederum der Stickstoffeintrag, der durch Futtermittelanbau und Tierhaltung verursacht wird. Auch der Pestizid- und Antibiotikaeinsatz, der Flächenverbrauch und der Verlust von natürlichen Lebensräumen für Tiere würde vermindert.

Gleichzeitig muss die Landwirtschaft jedoch für ökologisch wertvolle Leistungen entgolten werden, wie etwa für den Aufbau von Kohlenstoffsenken. Die Entnahme von CO_2 aus der Atmosphäre spielt für die Erreichung der Klimaziele eine wesentliche Rolle. Bereits erprobt sind landbasierte Methoden wie Auf- und Wiederaufforstung oder die

Anreicherung des Bodenkohlenstoffs durch vermindertes Pflügen, häufigere Fruchtwechsel oder Agroforstsysteme. Diskutiert werden auch technische Lösungen, wie etwa die direkte Abscheidung und -speicherung von CO_2. Diese *Carbon Dioxide Removal* (CDR)-Technologien sind nur begrenzt erprobt, führen zu Nutzungskonflikten und können daher noch nicht in großem Maßstab eingesetzt werden[15],[16]

Die Ausweitung der Maut auf alle Kraftfahrzeuge und die Einführung von City-Mautsystemen, um Luftverschmutzung und Staus in Städten zu reduzieren, wären ein pragmatischer Einstieg in eine umfassende Energiesteuerreform.

Im Verkehrssektor werden weitere Lenkungssteuern eine bedeutende Rolle spielen. Denn die CO_2-Preise allein würden nicht alle relevanten externen Kosten im Verkehrsbereich erfassen: Pkws nutzen die vorhandene Infrastruktur, verursachen Stau, Lärm, Feinstaub oder Unfälle. Die Ausweitung der Maut auf alle Kraftfahrzeuge, die Finanzierung eines Infrastrukturbeitrags für Regionalstraßen über die Kfz-Steuer und die Einführung von City-Mautsystemen, um Luftverschmutzung und Staus in Städten zu reduzieren, wären ein pragmatischer Einstieg in eine umfassende Energiesteuerreform.

Diese wird die nächste Bundesregierung auch aus anderen Gründen auf den Weg bringen müssen. Derzeit fließen dem Finanzminister etwa 37 Milliarden Euro pro Jahr aus der Besteuerung von Kraftstoffen zu.[17] Mit der zunehmenden Elektrifizierung im Verkehrssektor, aber auch mit der Einführung von Wasserstoff und synthetischen Kraftstoffen, wird ein Großteil dieser Einnahmen wegbrechen. Die Erhebung von Mautgebühren ermöglicht somit langfristig eine technologieneutrale Finanzierung der Verkehrsinfrastruktur.

Zu einer umfassenden ökologischen Steuerreform in Deutschland wird auch die Anpassung der rechtlichen Rahmenbedingungen gehören. Die deutsche Finanzverfassung kennt keine expliziten Umwelt- oder Pigou-Steuern und sieht bislang keine Indexierung von Steuern anhand gesellschaftlicher Folgekosten vor. Zwar könnte man an einigen Stellen auf Verbrauchssteuern ausweichen, die in der Finanzverfassung explizit erwähnt werden. Aber rechtliche Sicherheit und der zulässige Gestaltungsspielraum zu optimalem Steuerdesign verlangt die Erweiterung um die Kategorie der Lenkungssteuern, die in moderne Finanzverfassungen Eingang finden sollte.

Die Einführung dieser Lenkungssteuern wird zu heftigen Debatten führen. Der Verdacht, der Staat wolle vor allem aus fiskalischem Interesse die Bürgerinnen und Bürger schröpfen, steht dabei ebenso im Raum wie die Gefahr einer gesellschaftlichen Spaltung. Es muss also klar kommuniziert werden, dass Lenkungssteuern den wirtschaftlichen Wohlstand immer dann befördern, wenn der zusätzliche Nutzen der Schadensvermeidung höher ist als deren zusätzliche Kosten. Dafür bedarf es jedoch einer systematischen Erfassung von Kosten und Nutzen. Zwar werden heute bei neuen Gesetzen die Erfüllungskosten ihrer Einführung für Bürgerinnen und Bürger, Unternehmen und Verwaltung beziffert, aber der dadurch entstehende Nutzen wird nicht angeführt. Dabei haben viele Länder umfassende Kosten-Nutzen-Analysen bereits erfolgreich eingeführt. Eine systematische Berichterstattung, die ökologische Kosten erfasst, gibt es in Deutschland noch nicht.[18]

Empirische Untersuchungen zeigen, dass die Transparenz über die Verwendung der durch Lenkungssteuern erzielten Einnahmen entscheidend ist für deren Akzeptanz. Diese Steuereinnahmen können in öffentliche Güter oder Infrastruktur investiert werden, verzerrende Steuern können gesenkt oder die Einnahmen den Bürgerinnen und Bürgern einfach zurückgegeben werden. Eine Evaluierung der Verwendung dieser Einnahmen ist daher in der öffentlichen Debatte um eine ökologische Steuerreform unverzichtbar. Ohne flankierende Maßnahmen zur Rückverteilung belasten Lenkungssteuern ärmere Haushalte dann überproportional, wenn diese einen relativ hohen Anteil ihrer Ausgaben für umweltschädliche Produkte oder Dienstleistungen ausgeben (müssen). Die Zustimmung zu diesen Lenkungssteuern steigt beträchtlich, sobald die Politik schlüssig darstellen kann, dass die Verteilung dieser ungleichen Belastungen gerecht erfolgt.[19]

Eine ökologische Steuerreform überträgt bisher auf die Allgemeinheit abgewälzte Kosten auf die Verursachenden. Damit können wohlfahrtserhöhende Bestandteile des Sozialprodukts wachsen, während die wohlfahrtsmindernden wie Emissionen, Stau, Lärm und Plastik sinken.

Die unzureichende Erfassung ökologischer Kosten und ihre mangelnde Bepreisung haben erheblich zur Diskreditierung des Wirtschaftswachstums beigetragen. Gelingt es jedoch, den Verursachenden die bisher als extern behandelten Kosten durch Steuern in Rechnung zu stellen, können wohlfahrtserhöhende Bestandteile des Sozialprodukts wachsen, die wohlfahrtsmindernden Bestandteile (wie Emissionen, Stau, Lärm und Plastik) sinken. Die Bepreisung der Emissionen zeigt Wirkung: So lag das Bruttoinlandsprodukt in der EU inflationsbereinigt im Jahr 2019 um 60 Prozent höher als im Jahr 1990, der Ausstoß von Treibhausgasen jedoch um 24 Prozent niedriger.[20] Manche, so die Vertreterinnen und Vertreter einer *Degrowth*-Strategie, setzen auf eine Absenkung aller Bestandteile des Sozialprodukts. Dagegen setzt eine ökologische Steuerreform, die sich an den Schäden des Wirtschaftens orientiert, zielgenau bei diesen Schäden an und eröffnet damit neue Wachstumsmöglichkeiten.

Gemeinsame Wege für die internationale Klimapolitik

Mit einer umfassenden nationalen CO_2-Bepreisung und ihrer Einbettung in ein konsistentes EU-Rahmenwerk leistet Deutschland einen Beitrag zur Lösung der Kooperationsprobleme auf internationaler Ebene. Aber der Klimawandel ist eine internationale Herausforderung: Weder Europa noch Deutschland allein sind in der Lage, die globalen Emissionen nennenswert zu verringern. Es bedarf hierzu vielmehr enger internationaler Zusammenarbeit. Bislang ist die Kooperation zwischen den Nationalstaaten jedoch unzureichend.[21]

Die globalen Emissionen sind in den letzten beiden Dekaden stetig gestiegen.[22] Daran hat auch das Pariser Abkommen von 2015 nichts geändert. Es beruht auf freiwilligen Ankündigungen, die erst in künftigen Verhandlungsrunden in ehrgeizigere Verpflichtungen umgesetzt werden sollen. Dieser Ansatz weist offenkundige Schwächen auf. Nach Berechnungen des UN-Umweltprogramms müssten die globalen Emissionen, wenn das international vereinbarte Zwei-Grad-Ziel erreicht werden soll, im Jahr 2030 um 31 Prozent niedriger ausfallen, als ohne zusätzliche Anstrengungen zu erwarten ist.[23] Auch die kurzfristigen Reduktionen, die während der Corona-Pandemie verzeichnet wurden, haben keine langfristige Auswirkung auf diese Entwicklung. Bisher ist weniger als die Hälfte der im Rahmen des Paris-Abkommens notwendigen Emissionsreduktionen zugesagt. Auch zwischen den zugesagten und den anhand beschlossener Maßnahmen prognostizierten Emissionsminderungen klafft eine Lücke.

Das Paris-Abkommen konnte das Kooperationsproblem bislang nur unzureichend lösen: Die Emissionen werden bis 2030 vermutlich um weitere 10 Prozent steigen statt, wie nötig, um 25 Prozent (beim Zwei-Grad-Ziel) beziehungsweise 55 Prozent (beim 1,5-Grad-Ziel) zurückzugehen.

Das Paris-Abkommen konnte das Kooperationsproblem zwischen den Staaten bis dato nur unzureichend lösen. Die Emissionen werden bis 2030, auch nach der Erholung von der Corona-Krise, vermutlich um weitere zehn Prozent steigen statt, wie nötig, um 25 Prozent (Zwei-Grad-Ziel) beziehungsweis 55 Prozent (1,5-Grad-Ziel) zurückzugehen.[24] Auch mit Blick auf die Entwicklung des CO_2-Preises zeigen sich seit dem Abschluss des Abkommens kaum nennenswerte Verbesserungen. Zwar wurden in den vergangenen Jahren mehr und mehr CO_2-Preissysteme eingeführt; sie decken derzeit etwa 15 Prozent der globalen CO_2-Emissionen ab.[25] Allerdings zeigt sich außerhalb Europas bislang keine substanzielle Erhöhung des Preisniveaus.

Wie könnte die notwendige globale Zusammenarbeit endlich gelingen? China, die Vereinigten Staaten und die EU sind die größten Emittenten von CO_2 und insgesamt für die Hälfte der globalen CO_2-Emissionen verantwortlich. Ein großer Schritt wäre getan, wenn sich diese drei Hauptemittenten auf einen Mindestpreis für CO_2, der mit der Zeit steigt, einigen würden. Nähme man Indien, Russland und Japan in diese Verhandlungen auf, wären bereits zwei Drittel der globalen Emissionen erfasst. Ergänzend zum CO_2-Mindestpreis könnte eine ausgleichende Importabgabe für besonders kohlenstoffintensive Produkte wie Stahl und Aluminium für jene Länder eingeführt werden, die keinen CO_2-Preis erheben. Dies gibt diesen Ländern einen zusätzlichen Anreiz, selbst einen CO_2-Preis einzuführen. Das Niveau des Mindestpreises kann dabei am Anfang niedrig sein, damit das Instrument als Hebel der internationalen Kooperation erst einmal etabliert wird. In späteren Verhandlungsrunden würde dann ein schrittweises Anheben folgen.[26]

Inzwischen keimt verhaltene Hoffnung auf, Verhandlungen über Mindestpreise auf internationaler Ebene könnten bald Wirklichkeit werden. Dazu haben mehrere Entwicklungen beigetragen: Die ambitionierte Politik und die bereits gelegten Fundamente in der EU, die Rückkehr der USA zum Pariser Abkommen, der von US-Präsident Biden einberufene *Leaders Summit on Climate Change* im April 2021 und der sich formierende G3-Klimaclub aus USA, EU und China. Ärmeren Ländern könnte durch Mittel aus dem *Green Climate Fund* oder aus multilateralen Investmentfonds die Teilnahme erleichtert werden. Zwar gibt es schon verschiedene Ansätze, den Klimaschutz in den sogenannten Entwicklungsländern zu fördern, aber sie sind überwiegend projektbasiert und von vielen praktischen Schwierigkeiten begleitet. Der Beitrag zur Emissionsreduktion ist oft nur schwer zu ermitteln. Statt Projekte zu fördern, sollte man daher Regierungen dabei unterstützen, CO_2-Preise einzuführen oder zu erhöhen. Der *Green Climate Fund* könnte kleineren Ländern, in deren Energiesystem immer noch die Kohlenutzung dominiert, zinsvergünstigte Kredite anbieten oder ihnen beim Aufbau eines erneuerbaren Energiesystems helfen. Im Gegenzug müssten sich die empfangenden Länder verpflichten, den Ausstieg aus der Kohle einzuläuten und CO_2-Preise einzuführen. Dabei bleibt für den einzelnen Staat offen, ob er diese durch eine Steuer aufruft oder durch einen Emissionshandel, der ebenfalls um einen Minimumpreis ergänzt werden kann.

Wie kann unsere Demokratie die Herausforderung meistern?

Sind Demokratien in der Lage, die klima- und umweltpolitischen Herausforderungen zu meistern? Mit Blick auf stockende internationale Verhandlungen bei gleichzeitig zunehmender Handlungsdringlichkeit wurde diese Frage zuletzt öfter gestellt. Demokratischen Regierungsformen wird vorgeworfen, immer nur kurzfristige Ziele zu verfolgen, zu langsam zu reagieren und – wegen wechselnder Mehrheiten – zu sehr politischen Stimmungen unterworfen zu sein. Mit anderen Worten,

demokratische Politik sei zu keiner glaubwürdigen, langfristigen Selbstbindung klimapolitischer Programme in der Lage. Der Systemwettbe-
werb zwischen Autokratien und Demokratien könnte sich unter der
Herausforderung der Klimapolitik verschärfen.[27]

Empirische Untersuchungen zeichnen ein differenzierteres Bild.
Hohe CO_2-Preise werden vor allem in Ländern erhoben, die man als
klassische Demokratien bezeichnen kann, etwa in Schweden, der
Schweiz, in Finnland oder im kanadischen Bundesstaat British Columbia. Diese politischen Einheiten zeichnet eine Gemeinsamkeit aus: Sie
verfügen über eine hohe Handlungskapazität. Darunter wird die Fähigkeit von Regierungen verstanden, Steuern zu erheben, öffentliche
Güter einschließlich einer Dateninfrastruktur bereitzustellen und effektive Gesetze zu erlassen. Generell korrelieren dort geringe Korruption,
hohes wechselseitiges Vertrauen zwischen Bürgerinnen und Bürgern
und Regierung mit einer ambitionierten Klimapolitik.[28]

**Autokratien schneiden in ihrer klimapolitischen Bilanz sehr viel weniger
überzeugend ab als reife Demokratien. Diese Länder weisen in der Kontrolle der Korruption die höchsten Defizite auf und sie subventionieren
die fossilen Energieträger am stärksten.**

Autokratien oder sogenannte schwache Demokratien, so der wissenschaftliche Befund, schneiden in ihrer klimapolitischen Bilanz sehr viel
weniger überzeugend ab als reife Demokratien. In den von Öl- und Gas-
vorkommen abhängigen Staaten, vor allem im Nahen und Mittleren
Osten sowie im Norden Afrikas, investiert die Elite die Einnahmen aus
dem Verkauf von Öl und Gas kaum in den wirtschaftlichen Aufbau,
sondern vorrangig in den eigenen Luxuskonsum. Diese Länder weisen
in der Kontrolle der Korruption die höchsten Defizite auf und sie sub-

ventionieren die fossilen Energieträger am stärksten. Auch wenn sie nur für sechs Prozent der weltweiten Emissionen verantwortlich sind, spielen sie in den internationalen Klimaverhandlungen eine wichtige Rolle. Weil sie nicht zu Unrecht befürchten, dass der durch die Klimapolitik der Industriestaaten ausgelöste Rückgang der Nachfrage für Öl und Gas zu erheblichen wirtschaftlichen Einbußen führen wird, blockieren sie die Verhandlungen.[29]

In der Gruppe der am stärksten von der Kohle abhängigen Länder – dazu gehören China, Indien, die Türkei, Südafrika und Russland – variieren Regierungsformen von autokratischen Systemen bis hin zu Demokratien mit ausgereiften Wahlsystemen. Gemeinsam ist ihnen jedoch, dass ihre schwachen Institutionen für Korruption anfällig sind. Zwar haben einige Staaten die Subventionen für fossile Energieträger zurückgefahren, Vietnam hat kürzlich ein zehnjähriges Moratorium für zusätzliche Kohlemeiler angekündigt. Aber China, Indien, Indonesien und Bangladesch investieren auch in der Post-Covid-19-Phase weiter massiv in diese extrem klimaschädliche Art der Energieerzeugung.[30] Insgesamt ist nicht zu erwarten, dass die Gruppe der kohleabhängigen Länder sich zügig aufmacht, einen konsequenten Transformationspfad in der Klimapolitik einzuschlagen. Sie verursacht immerhin 48 Prozent der globalen Emissionen,[31] ihre energie- und klimapolitischen Entscheidungen prägen die Welt und ihr Gewicht in den Klimaverhandlungen ist beträchtlich.

Länder mit schwachen demokratischen oder gar autokratischen Institutionen konnten also klimapolitisch bislang nicht überzeugen. Doch auch Demokratien mit hoher staatlicher Handlungskapazität sind bisher zu langsam und gewichten in ihrem Entscheidungskalkül die Gegenwart im Vergleich zur Zukunft zu hoch: Bei Investitionen in den Klimaschutz werden die langfristigen Erträge nicht ausreichend berücksichtigt. Gerade für Politikerinnen und Politiker in Demokratien gilt, dass mit vorbeugenden Maßnahmen Wählerinnen und Wähler selten zu beeindrucken sind. Schließlich sind langfristig vermiedene Schäden für sie kaum wahrnehmbar, die jetzt anstehenden Kosten umso mehr. Im Ergebnis wird zu wenig für die Vermeidung des gefährlichen Klimawandels getan. Daher können auch reife Demokratien CO_2-Preise nur dann durchsetzen, wenn stärker betroffene und sozial schwache Gruppen entschädigt werden.[32]

Es gibt eine umfangreiche wissenschaftliche Diskussion darüber, wie sich in Demokratien das klimapolitische Engagement über die nächste Wahlperiode hinaus verstetigen ließe.[33] Denkbar wäre, wichtige klimapolitische Entscheidungen an Institutionen zu delegieren, die sich unabhängig von Wahlausgängen langfristig auf Ziele festlegen können, wie etwa die Notenbanken. Bereits im Jahr 2015 wurde die Idee einer europäischen Klimazentralbank ins Spiel gebracht,[34] die einem langfristigen, politisch festgelegten Klimaziel verpflichtet wäre und davon abgeleitet den Emissionshandel und die Preise entsprechend justierte.[35] Diese Idee wurde im Blanchard-Tirole-Report, der im Juni 2021 veröffentlicht wurde, erneut aufgegriffen.[36]

Damit könnte eine glaubwürdige Selbstverpflichtung der Politik mit Flexibilität bei der Umsetzung kombiniert werden. Denn auch ein derartiges System muss atmen, die Politik auf neue Informationen und technische Innovationen reagieren können. In der Konsequenz sind die Demokratien zu einer neuen Balance zwischen Flexibilität und langfristiger Selbstbindung gezwungen. Deshalb ist das eingangs erwähnte Urteil des Bundesverfassungsgerichts so wegweisend. Denn es verpflichtet die Politik gerade in Fragen der langfristigen Daseinsvorsorge zu einer glaubwürdigen Selbstbindung, um auch die Freiheitsrechte künftiger Generationen zu schützen. Der Gesetzgeber hat die Aufgabe, die klimapolitischen Ziele zu formulieren und die langfristigen Mittel dafür festzulegen. Damit wird ein Prozess ermöglicht, der langfristige Rahmenbedingungen für die Problemlösung schafft und Versuch und Irrtum in die Umsetzung integriert.

Europäische und deutsche Politik wird lernen müssen, dass wirksame Klimapolitik unterhalb der Wahrnehmungsschwelle der Bevölkerung nicht mehr möglich ist – zu sichtbar sind die damit verbundenen Kosten, zu groß die Gefahr sozialer Spaltung.

Der Klimawandel ist ein globaler Stresstest für alle politischen Systeme und im Großen und Ganzen schneiden Demokratien bislang gut darin ab. Aber die europäische und deutsche Politik wird lernen müssen, dass wirksame Klimapolitik unterhalb der Wahrnehmungsschwelle der Bevölkerung nicht mehr möglich ist – zu sichtbar sind die Kosten, zu groß die Gefahr weiterer sozialer Spaltung. Die Politik kann und muss die Herausforderungen besser und glaubwürdiger kommunizieren.

Vor allem müssen sich Demokratien auf ihre institutionellen Stärken besinnen: Sie verfügen über eine Fähigkeit zu flexibler, auf Versuch und Irrtum basierender Problemlösung, die es zu nutzen gilt. Bislang sind Autokratien den Nachweis schuldig geblieben, dass sie sowohl Freiheitsrechte sichern können als auch zu bahnbrechenden Innovationen fähig sind. Gleichwohl ist die Klimapolitik in Demokratien und Marktwirtschaften kein Selbstläufer. Sie bedarf der glaubwürdigen Selbstbindung der Politik ebenso wie der Flexibilität bei der Umsetzung. Die dafür notwendigen Institutionen sind erst in Umrissen sichtbar.

Die Debatten des vergangenen Jahres haben deutlich vor Augen geführt: Für effektiven Klimaschutz und soziale Gerechtigkeit bedarf es der Demokratien – und Demokratien brauchen, um nachhaltig zu sein, Klimaschutz mit sozialer Gerechtigkeit.

Ottmar Edenhofer

Literatur

Teile des Textes sind angelehnt an beziehungsweise die Argumente wurden erstmals angeführt in:

Ottmar Edenhofer: »Auf neuen Wegen zu mehr Klimaschutz« [Gastkommentar]. In: *Handelsblatt*, 19./20./21.03.2021, S. 64.

Ottmar Edenhofer (2020): »Die Systemfrage: Klima, Kapitalismus, Kirche«. In: *Herder Korrespondenz*, S. 50–52.

Ottmar Edenhofer, Matthias Kalkuhl, Axel Ockenfels (2020): »Das Klimaschutzprogramm der Bundesregierung: Eine Wende der deutschen Klimapolitik?« In: *Perspektiven der Wirtschaftspolitik 21*(1), S. 4–18.

Matthias Kalkuhl, Christina Roolfs, Ottmar Edenhofer et al. (2021): »Reformoptionen für ein nachhaltiges Steuer- und Abgabesystem« (Kurzdossier). Kopernikus-Projekt Ariadne: https://ariadneprojekt.de/publikation/kurzdossier-reformoptionen-nachhaltiges-steuer-und-abgabensystem-lenkungssteuern/

Anmerkungen

1 Abschnitt angelehnt an: O. Edenhofer: »Auf neuen Wegen zu mehr Klimaschutz« [Gastkommentar]. In: *Handelsblatt*, 19./20./21.03.2021, S. 64.

2 T. Baldenius, T. Bernstein, M. Kalkuhl, M. von Kleist-Retzow, N. Koch (2021): »Ordnungsrecht oder Preisinstrumente? Zur Verteilungswirkung von Klimaschutzmaßnahmen im Verkehr«. In: *Ifo Schnelldienst 74*(6), S. 6–10.

3 Siehe Anmerkung 1.

4 R. Pietzcker, S. Osorio, R. Rodrigues (2021): »Tightening EU ETS targets in line with the European Green Deal: Impacts on the decarbonization of the EU power sector«. In: *Applied Energy 293*, 116914.

5 O. Edenhofer, C. Flachsland, M. Kalkuhl, B. Knopf, M. Pahle (2019): »Optionen für eine CO_2-Preisreform. MCC-PIK-Expertise für den Sachverständigenrat zur Begutachtung der gesamtwirtschaftlichen Entwicklung«. Berlin: Mercator Research Institute on Global Commons and Climate Change (MCC).

6 Bundesregierung (2019): »Klimaschutzprogramm 2030 der Bundesregierung zur Umsetzung des Klimaschutzplans 2050«. Zugriff am 30.06.2021 unter: https://www.bundesregierung.de/resource/blob/975226/1679914/e01d6bd855f09bf05cf7498e06d0a3ff/2019-10-09-klima-massnahmen-data.pdf.

7 O. Edenhofer, M. Kalkuhl, A. Ockenfels (2020): »Das Klimaschutzprogramm der Bundesregierung: Eine Wende der deutschen Klimapolitik?« In: *Perspektiven der Wirtschaftspolitik 21*(1), S. 4–18.

8 M. Kalkuhl, B. Knopf, O. Edenhofer (2021): »CO_2-Bepreisung: Mehr Klimaschutz mit mehr Gerechtigkeit«. Berlin: Mercator Research Institute on Global Commons and Climate Change (MCC).

9 B. Knopf (2020): »Das deutsche Klima-Finanzpaket« [Blog-Beitrag]. https://blog.

mcc-berlin.net/post/article/das-deutsche-klima-finanzpaket.html

10 Siehe Anmerkung 8.

11 A.C. Pigou: *The economics of welfare*. London: MacMillan and Co. 1932.

12 M. Kalkuhl, C. Roolfs, O. Edenhofer et al. (2021): »Reformoptionen für ein nachhaltiges Steuer- und Abgabesystem« (Kurzdossier). Kopernikus-Projekt Ariadne: https://ariadneprojekt.de/publikation/kurzdossier-reformoptionen-nachhaltiges-steuer-und-abgabensystem-lenkungssteuern/

13 Mercator Research Institute on Global Commons and Climate Change (2021): »Großes Potenzial für eine ökologische Steuerreform in Deutschland« [Pressemitteilung]. https://www.mcc-berlin.net/news/meldungen/meldungen-detail/article/grosses-potenzial-fuer-eine-oekologische-steuerreform-in-deutschland.html

14 O. Edenhofer, J. Eggers, S. Fuss, M. Kalkuhl, A. Merfort, J.C. Minx, J. Strefler (2021): »Wissensstand zu CO_2-Entnahmen«. Berlin: Mercator Research Institute on Global Commons and Climate Change (MCC).

15 Siehe Anmerkung 14.

16 Siehe Anmerkung 13.

17 M. Bräuninger, M.-O. Teuber (2017): »Die steuerliche Belastung von Mineralölprodukten«. In: *Economic Trends Research, Results* Nr. 6 [Studie im Auftrag des AFM+E Außenhandelsverband für Mineralöl und Energie e. V. und des MEW Mittelständische Energiewirtschaft Deutschland e. V., Hamburg].

18 B. Bünger, A. Matthey (2020): »Methodenkonvention 3.1 zur Ermittlung von Umweltkosten – Kostensätze«. Umweltbundesamt: Dessau-Roßlau. https://www.umwelt bundesamt.de/sites/default/files/medien/1410/publikationen/2020-12-21_methoden konvention_3_1_kostensaetze.pdf

19 S. Sommer, L. Mattauch, M. Pahle, (2020): »Supporting carbon taxes: The role of fairness«. In: *Ruhr Economic Papers, 873.* DOI: 10.4419/96973010

20 European Commission (2020): Kick-starting the journey: Towards a climate-neutral Europe by 2050. EU Climate Action Progress Report: https://ec.europa.eu/clima/sites/clima/files/strategies/progress/docs/com_2020_777_en.pdf

21 Abschnitt in Teilen angelehnt an: siehe Anmerkung 7.

22 W.F. Lamb, T. Wiedmann, J. Pongratz, R. Andrew, M. Crippa, J.G.J. Olivier, D. Wiedenhofer, G. Mattioli, A. Al Khourdajie, J. House (2021): »A review of trends and drivers of greenhouse gas emissions by sector from 1990 to 2018«. In: *Environmental Research Letters 16* (7), 073005.

23 UNEP (2020): Emissions Gap Report 2020. Nairobi: United Nations Environment Programme. https://www.unep.org/emissions-gap-report-2020

24 UNEP (2019): Emissions Gap Report 2019. Nairobi: United Nations Environment Programme. https://unepdtu.org/wp-content/uploads/2019/11/un-egr19-es-4e-ex tra.pdf

25 World Bank (2019): *State and Trends of Carbon Pricing 2019.* Washington, D.C.: World Bank.

26 Wissenschaftlicher Beirat beim Bundesministerium für Wirtschaft und Energie

(2016): »Die essenzielle Rolle des CO_2-Preises für eine effektive Klimapolitik« (Gutachten). Berlin: BMWi.

27 Abschnitt in Teilen angelehnt an: O. Edenhofer (2020): »Die Systemfrage: Klima, Kapitalismus, Kirche«. In: *Herder Korrespondenz*, S. 50–52.

28 S. Levi, C. Flachsland, M. Jakob (2020): »Political economy determinants of carbon pricing«. In: *Global Environmental Politics 20* (2), S. 128–156.

29 W. F. Lamb, J. C. Minx (2020): »The political economy of national climate policy: Architectures of constraint and a typology of countries«. In: *Energy Research & Social Science 65*, 101429.

30 Global Energy Monitor (2021): Global coal plant tracker: summary data. https://globalenergymonitor.org/projects/global-coal-plant-tracker/summary-data/

31 Siehe Anmerkung 29.

32 Hierzu ausführlicher: O. Edenhofer, M. Jakob: *Klimapolitik. Ziele, Konflikte, Lösungen* (2. Aufl.). München: C.H. Beck Verlag 2019.

33 G. Jones: *10% less democracy: Why you should trust elites a little more and the masses a little less*. Stanford, California: Stanford University Press 2020.

34 A. Mihm: »CO_2-Emissionshandel: Eine Zentralbank für das Klima«. In: *Frankfurter Allgemeine Zeitung*, 21.10.2014. https://www.faz.net/aktuell/wirtschaft/wirtschaftspolitik/forscher-fordern-eine-klimabank-fuer-emissionshandel-13222155.html

35 J. Delpla, C. Gollier (2019). »Pour une Banque Centrale du Carbone« [Politikanalyse]. https://www.asterion-f.eu/page-vierge

36 O. Blanchard, J. Tirole (eds.) (2021): »Major future economic challenges«. In: *Republique Francaise*, S. 123 ff.

Moderne Demokratie braucht Digitalisierung

Nun muss der Staat lernen, sie richtig einzusetzen

Von Xiaoqun Clever

Seit mehreren Jahren macht sich ein diffuses Unbehagen bei uns Menschen breit, trotz unseres relativen Wohlstands, politischer Partizipation und eines Lebens in Freiheit. Es ist schwierig zu greifen und hat wohl auch mit steigender sozialer Ungleichheit und dem schwindenden Vertrauen in die politischen Eliten zu tun. Die zunehmende Digitalisierung in unserem Alltag ist aus meiner Sicht nicht ursächlich für diese Entwicklung. Natürlich lehrt uns die Geschichte, dass große technologische Neuerungen meist auch gesellschaftliche Folgen haben. Diese produzieren Gewinner und Verlierer, soziale Auf- und Absteiger. Wir waren bisher jedoch als Gesellschaft insgesamt in der Lage, von diesen Entwicklungen zu profitieren. Ich bin fest überzeugt, dass dies auch dieses Mal der Fall sein wird. Und dass unsere Demokratie davon unbeschädigt bleiben wird.

Ich habe eine sehr persönliche Beziehung zum Thema Demokratie und digitale Entwicklung. Vor 30 Jahren verließ ich als Studentin mein Geburtsland China, weil ich als junge Frau das Vertrauen in die Re-

gierung, die Institutionen und in das Regime an der Universität verloren hatte. Ich wollte nicht länger hinnehmen, meine Meinung nicht
frei äußern zu dürfen, und es wollte mir nicht einleuchten, weshalb eine
Einheitspartei einem pluralistischen System überlegen sein sollte. Die
Ereignisse rund um den Tian'anmen-Platz in Peking hatten für unsere
Generation eine prägende Wirkung. Viele meiner damaligen Kommili-
tonen verließen wie ich danach Familie und Heimat, um im Westen
eine Existenz in Freiheit aufzubauen.

Nach meiner Ankunft in Deutschland begriff ich nur allmählich,
welch großen Wert ein freies, demokratisches System für uns Bürger bedeutet. Das zeigte sich in einfachen Dingen wie der Wahl der Universität,
der Fakultät, der Auswahl der Krankenversicherung oder der Wohnung.
Diese Freiheit hat natürlich den Preis der Eigenverantwortung. Der
Umgang damit fiel mir zu Beginn nicht leicht. Erst nach einigen Jahren verstand ich, wie das System funktioniert, welche Dinge wichtig
sind und wie man sich die notwendige Unterstützung organisiert. Das
hat gewiss noch nicht viel mit Demokratie zu tun. Es war für mich jedoch die Voraussetzung, um Schritt für Schritt auch das politische System und das soziale Miteinander zu verstehen und schätzen zu lernen.
Die Möglichkeit, die nahe Umgebung – zum Beispiel die Schule meiner Kinder – mitzugestalten, meine Meinung zu Politik und Gesellschaft
jederzeit offen an- und auszusprechen, erwies sich für mich nach und
nach als eine große Bereicherung.

Mein beruflicher Weg führte mich in die Welt der Informationstechnologie. Digitalisierung spielte in meiner Anfangszeit als Soft-
wareingenieurin noch nicht die herausragende Rolle von heute. Die
Programme, die ich mitentwickelte, dienten der Automatisierung von
Geschäftsprozessen und der Effizienz in großen multinationalen Unternehmen. Die bahnbrechenden Entwicklungen im Bereich von künstlicher Intelligenz (KI) und der Auswertung von unvorstellbar großen

Datenmengen (Big Data) ermöglichte es über die Jahre, den Unternehmen hervorragende Werkzeuge zur Analyse und Prognose zur Verfügung zu stellen. Diese Systeme waren in diesem Bereich der Optimierung von Ressourcen und der Innovation einigermaßen »unverdächtig«. Als ich Jahre später im Umfeld der Massenmedien an modernsten Algorithmen zur Zusammenführung von Daten über Benutzerverhalten und deren kommerzielle Verwertung arbeitete, wurde mir die Tragweite dieser Werkzeuge und die damit einhergehende Verantwortung schlagartig bewusst.

Eine moderne Demokratie kann nicht mehr ohne das Werkzeug der Digitalisierung bestehen. Aber sie muss die Folgen ernst nehmen und ihnen begegnen.

Für mich gibt es keine Zweifel: Eine moderne Demokratie kann nicht mehr ohne das Werkzeug der Digitalisierung bestehen. Aber sie muss auch die Folgen ernst nehmen und ihnen begegnen. Das ist die Frage, um die es mir in diesem Beitrag geht: Gefährdet die Digitalisierung die Demokratie, oder ist sie vielmehr unerlässlich, um deren Probleme besser zu lösen? An drei Problembeispielen will ich zeigen, wie die Digitalisierung die Demokratie stützen kann.

Vertrauen in die Demokratie zurückgewinnen

Was macht eine funktionierende Demokratie aus und wie wird sie greifbar? Zwei häufig genannte Kriterien sind die freie Meinungsäußerung und das allgemeine Wahlrecht mit einem Mehrparteiensystem. Für mich persönlich sind jedoch zwei andere Fragen zentral, die darüber entscheiden, in welchem Land ich leben will. Erstens, wie steht es mit dem Rechtsstaat? Habe ich eine echte Chance, auch gegenüber der Regierung, auf einen fairen Prozess? Zweitens, kann ich mit ehrlicher Arbeit, unabhängig von meiner Herkunft, mein Leben bestreiten und für die Zukunft meiner Kinder sorgen? Werden diese Fragen verneint, stellen sich bei den Bürgern jene Gefühle ein, die ich von früher kenne: Ohnmacht, Hoffnungslosigkeit und Wut.

Offensichtlich greifen Gewaltentrennung, soziale Marktwirtschaft und der Zugang zur Bildung zum Teil ins Leere. Es besteht nur ein begrenztes Vertrauen in die gewählten Regierungen. In einer gemeinsamen Studie des Nürnberger Instituts für Marktentscheidungen und des St. Gallen Symposiums wurden vor Kurzem 620 Nachwuchsführungskräfte, Jungunternehmer und Studierende aus 84 Ländern befragt, die überwiegend nach 1990 geboren wurden.[1] Diese Generation ist mit sozialen Medien und einer Vielzahl an Medienangeboten groß geworden. Nur 15 Prozent der Befragten glauben, dass die politische Führung von heute sowohl kompetent als auch bereit ist, Entscheidungen im besten Interesse der jüngeren Generation zu treffen. Auf die Frage, welche Institutionen und Gruppen in der aktuellen COVID-19-Pandemie an Vertrauen verloren haben, verzeichnen Politiker und Regierungen mit 64 Prozent den stärksten Vertrauensverlust, gefolgt von den sozialen Medien mit 60 Prozent.

In der Wirtschaft steht Digitalisierung für Transparenz, Effizienz, flache Hierarchien. Zuhören und Empathie, Risikobereitschaft und ständiges Lernen sind die neu gefragten, zukunftsfähigen Führungsqualitäten – auch in der Politik.

Dass diese Trends mit der dramatischen Verbreitung digitaler Technologien einhergehen, bedeutet für viele von uns eine tägliche Überforderung. Erschwert die Digitalisierung die Problemlösung in demokratisch verfassten Ländern? Oder ist sie nur der Prügelknabe für die tieferliegenden Probleme in unserer Gesellschaft?

Sehen wir uns um. Während der Pandemie nahmen wir digitale Dienste in einem noch nie dagewesenen Ausmaß in Anspruch. Der wirtschaftliche und soziale Schaden wäre ohne diese Angebote ungleich größer ausgefallen. Wirtschaft und Gesellschaft sind zunehmend auf sie angewiesen und dieser Prozess wird sich weiter beschleunigen. Das Internet wurde als Medium für mehr Informationsfreiheit und mehr demokratische Teilhabe geboren. In der Unternehmenswelt steht Digitalisierung für Transparenz, Effizienz, flache Hierarchien. Zuhören und Empathie, ständiges Lernen und Reflexion sind die heute gefragten, zukunftsfähigen Führungsqualitäten. Dies gilt für die Politik, die Wirtschaft und die Bewältigung der digitalen Transformation gleichermaßen, alle Lebensbereiche sind davon betroffen.

Noch nie war der Zugang zu Information und damit zur demokratischen Willensbildung so leicht. Nachrichten, Berichterstattung jeglicher Art fluten die Onlinemedienplattformen. Die Mobilisierung der Klimajugend, die Black-Lives-Matter-Bewegung oder #MeToo hätten ohne die digitalen Medien nicht diese weltweit beachtete und rasche Wirkung entfalten können. Ebenso wichtig: Die Digitalisierung hat für viele junge Menschen den Einstieg ins Erwerbsleben erleichtert und Wettbewerbsmuster dahingehend verändert, dass mehr Unternehmer, unabhängig von der geografischen Region, Zugang zu lokalen sowie internationalen Märkten haben. Unternehmertum und Zugang zu Kapital waren noch nie so einfach.

Digitale Dienste können uns Bürgern das Alltagsleben im Austausch mit den Behörden viel einfacher, komfortabler und schneller gestalten. Dazu müssen diese allerdings mehr tun als nur ein paar Downloads von PDF-Dateien anzubieten. Die öffentliche Hand sollte sich die Wirtschaft zum Vorbild nehmen, hier haben längst Begriffe wie Persona, Customer Journey, Touch Points und Customer Experience Einzug gehalten. Übersetzt bedeutet das für die öffentliche Verwaltung: Der Bürger mit all seinen Bedürfnissen macht eine Reise entlang einer definierten Prozesskette, die Customer Journey, mit verschiedenen Berührungspunkten – am Schalter, am Telefon oder Online – und sammelt in der Interaktion positive oder negative Erfahrungen, die Customer Experience. Dreh- und Angelpunkt ist der kompromisslose Fokus auf Nutzererlebnis und Komfort für den Bürger. Alle öffentlichen Dienste, inklusive Schule, Universitäten, Gesundheits- und Verkehrsämter sowie die Verwaltung haben hier einen gewaltigen Nachholbedarf.

In China nutzen mehr als eine Milliarde Menschen quer durch alle Bevölkerungsschichten die Onlineplattform WeChat, welche ähnliche Funktionen wie WhatsApp, Skype, Twitter, Instagram, Facebook, Apple Pay und mehr in einer einzigen mobilen Anwendung anbietet. Reisepass erneuern, Visum beantragen, Urlaub buchen, einen Arzttermin vereinbaren, Einkaufen, Jobsuche, Taxi rufen, Tisch im Restaurant reservieren, Stromrechnungen bezahlen, Aktien kaufen oder Scheidung einreichen – es gibt kaum Lebensbereiche, in denen WeChat nicht unterstützen kann.

Wenn der Staat seine Dienstleistungen immer stärker ins Digitale verlagert, aber nicht alle Bürger daran teilhaben können, schadet dies staatlicher Effizienz und untergräbt zugleich das Vertrauen in die Demokratie.

Allerdings setzt ein solches Angebot voraus, dass alle Bürger gleichermaßen Zugang zum Internet erhalten. In China ist das der Fall, in Deutschland kann davon leider noch keine Rede sein. Wenn der Staat seine Dienstleistungen immer stärker ins Digitale verlagert, aber nicht alle Bürger daran teilhaben können, schadet dies staatlicher Effizienz und untergräbt zugleich das Vertrauen in die Demokratie.

Bessere Entscheidungen ermöglichen

Digitale Prozesse können nicht nur die Effizienz wirtschaftlichen und staatlichen Handelns steigern, sie können auch zu gerechteren Entscheidungen beitragen.

Daniel Kahneman, Nobelpreisträger für Wirtschaftswissenschaften, hat unser Verständnis davon, wie wir Menschen Entscheidungen treffen, fundamental verändert. Er zeigt in seinem Buch *Schnelles Denken, langsames Denken* an vielen Beispielen, wie irrational wir Menschen vorgehen.[2] Unser Gehirn arbeitet nach dem Prinzip des geringsten Widerstands. Wir kürzen unsere Denkprozesse ab, indem wir auf ähnliche Erfahrungen zurückgreifen, unseren Überzeugungen folgen und Vertrautes als besser einstufen als Unbekanntes. Wir tendieren dazu, die Dinge linear in die Zukunft zu projizieren, Erinnerungen unbewusst zu verändern oder an Vorhaben festzuhalten, weil wir schon so viel investiert haben und nicht etwa, weil die Erfolgschancen so groß sind. Zur Entscheidungshygiene gehören also das Ankämpfen gegen Intuition und Instinkt, der Rückgriff auf unabhängige Einschätzungen verschiedener Personen und vor allem das Prinzip, bei Urteilen eigene Präferenzen zugunsten der Genauigkeit hintanzustellen.

Die menschliche Unzulänglichkeit kann durch die Rechenleistung und den Speicher von Computern ausgeglichen werden, durch die große Datenmengen mit intelligenten Algorithmen verarbeitet werden.

Denkt man dieses Prinzip konsequent zu Ende, erwägt man unweigerlich den Einsatz von digitalen Regeln und Algorithmen. Dabei soll die menschliche Urteilskraft nicht ersetzt, sondern um ein effektives Werkzeug ergänzt werden. Eine Möglichkeit, die menschliche Unzulänglichkeit zu überwinden, besteht darin, die Rechenleistung und den Speicher von Computern zu nutzen, um große Datenmengen mit intelligenten Algorithmen verarbeiten zu können.

Hier kommt die sogenannte künstliche Intelligenz ins Spiel. Vereinfacht gesagt handelt es sich dabei um die Erkennung von Mustern (Pattern Correlation) aufgrund sehr großer Datenmengen. Die heute verfügbaren sogenannten »Narrow-KI«-Systeme sind auf konkrete Aufgabenstellungen zugeschnitten. Je klarer ein Problem definiert und abgegrenzt ist, desto einfacher ist es, eine KI-Anwendung zu entwickeln. Unter diesem Gesichtspunkt überrascht es nicht, dass es bereits 1997 gelang, ein Computerprogramm, IBM Deep Blue, zu programmieren, welches in der Lage war, Schachweltmeister Garri Kasparow zu schlagen. Deep Blue konnte 200 Millionen Schachzüge pro Sekunde berechnen – eine erdrückende numerische Überlegenheit. 2011 wurde der Rechner IBM Watson auch Weltmeister in dem Quizspiel Jeopardy. Der Computer hatte die Aufgaben nicht besser verstanden als die menschlichen Gegenspieler, sondern kompensierte mangelndes Verständnis mit Rechenleistung: Das System hatte 200 Millionen Seiten Text im Speicher und konnte eine Million Bücher pro Sekunde verarbeiten. Googles Deep Mind war in der Lage, den besten Go-Spieler zu schlagen, indem es Hunderttausende von Partien des Strategiebrettspiels analysierte, um zu lernen, welchen Zug man in einer bestimmten Situation machen muss.

Die Entwicklung bleibt auch hier nicht stehen. Digitale Verhandlung ist keine Zukunftsillusion, sondern kann bereits heute beim Verhandeln von Jobkonditionen, beim Hauskauf oder sogar bei komplexeren

Verhandlungen in der Politik wie zum Beispiel dem Pariser Klima-Abkommen oder der Brexit-Vereinbarung zwischen der EU und Großbritannien eingesetzt werden. Der Einsatz von KI-Bots bei Verhandlungen soll sicherstellen, dass das bestmögliche Verhandlungsergebnis erzielt wird, ohne dass Verhandlungspartner spezifisch geschult sein oder aufwendig Informationen recherchieren müssen.

Menschen sind manipulierbar und fehleranfällig. Maschinen haben keine Tagesform und können eingesetzt werden, um in komplexen Fragestellungen ausgewogene Entscheidungen zu treffen – auch in der Politik. Somit werden ausgewogene Entscheidungsvorlagen zeitnah zur Verfügung gestellt, ohne Interessensgruppen unfair zu begünstigen.

Kann der moderne Staat Digitalisierung?

Den Vorteil, den Maschinen also für Entscheidungsfindungen sogar in der Politik bieten, muss diese als Chance nutzen, die neue Technik auch für die Demokratie anzuwenden.

In der *Neuen Zürcher Zeitung* vom 24.6.2021 urteilt der Autor Peter Kurer rundheraus: »Der Staat ist digital inkompetent. Und das ist gut so!« Kurer fragt, ob Digitalisierung überhaupt eine staatliche Aufgabe sei. »Der Staat wird sich zwar in einigen Bereichen digitale Fähigkeiten aneignen. Zumindest unter demokratischen Bedingungen wird er aber nie irgendeine gestaltende und führende Rolle spielen, wenn es um die eigentliche Digitalisierung der Gesellschaft geht.« Die beiden Universen folgten zu unterschiedlichen Regeln: Hierarchie versus Netzwerk, stringente Regeln versus Feedback und Adaption.

Überzeugend ist das nicht. Vielmehr muss und wird die Dichotomie in Zukunft sich nach und nach auflösen und das Netzwerk auch im staatlichen Bereich durchsetzen.

Der moderne Staat hat folgende Hauptaufgaben: den Schutz der Bevölkerung vor äußeren und inneren Gefahren zu gewährleisten, Recht und Ordnung zu sichern, den Bürgern gute und gleiche Bildungschancen zu schaffen, ein effizientes Gesundheitswesen bereitzustellen und Armut zu verhindern. Diese Aufgaben manifestieren sich in Gesetzen und Institutionen in Form von Gerichten, Armeen, Polizei, Schulen und Universitäten, Krankenhäusern und Universitätskliniken, Sozialagenturen und Behörden. In Bereichen, die nicht nach hierarchischen Regeln verfahren, etwa die makroökonomische Entwicklung, Märkte, Innovation und Handel, hat der Staat wichtige Funktionen wie umsichtiges Regulieren, Grundlagenforschung oder direkte Kriseninterventionen.

Digitalisierung kann auch im staatlichen Bereich mehr Effektivität, Transparenz und Effizienz bringen und damit das Handeln von Bürger und Staat deutlich verbessern.

Genau hier kann Digitalisierung mehr Effektivität, Transparenz und Effizienz bringen und damit das Handeln von Bürger und Staat deutlich verbessern. In drei Bereichen halte ich es für äußerst wichtig, dass der Staat seine gestalterische Rolle annimmt und die entsprechenden Rahmenbedingungen schafft: bei der Planung von Investitionen, der Evaluierung staatlicher Programme und im Bereich der Bildung. Und auch hier ist er auf den Einsatz von Digitalisierung angewiesen.

Investitionen an der richtigen Stelle einsetzen: Der Wohlstand eines Landes ist dann gesichert, wenn die jüngere Generation eine positive Zukunftsperspektive hat und gut ausgebildet ist; wenn die Wirtschaft sich auf eine moderne Infrastruktur verlassen kann, die Innovationskraft durch eine vitale Forschungslandschaft gesichert bleibt; wenn das Land über eine effiziente Verwaltung mit ökonomisch vernünftigen Regulierungen verfügt, die der Wirtschaft und Politik Raum zur Adaption offenlässt. Dies erfordert Zukunftsvisionen, langfristige Planung und konsequente Investitionen in diesen wichtigen Bereichen. Das Festhalten an obsoleten Technologien mit dem alleinigen politischen Ziel, Arbeitsplätze und damit die Wiederwahl zu sichern, gehört nicht dazu. Ebenso ist die übermäßige staatliche Subvention neuer Technologien wenig zielführend, weil der Markt in der Lage ist, das notwendige Risikokapital zur Verfügung zu stellen, sofern die langfristigen Rahmenbedingungen attraktiv sind.

Am Beispiel der Halbleiterindustrie will ich dies erläutern. Die Halbleiter-Lieferkette wird als das Rückgrat der digitalen Wirtschaft bezeichnet. Allerdings sind Halbleiter hochkomplexe Produkte in Design und Herstellung. Eine moderne Halbleiterfabrik mit Standardkapazitäten erfordert Investitionen in Höhe von fünf bis 20 Milliarden US-Dollar.

Angesichts dieser Größenordnung sind staatliche Anreize von grundlegender Bedeutung, um die erforderlichen Investitionen zu unterstützen. Länder wie China, Taiwan, Singapur und Südkorea fördern ihre heimische Halbleiterindustrie, indem sie die notwendige Infrastruktur um die Fabriken herum aufbauen, einschließlich Wohnungen, Telekommunikation und die Infrastruktur für Versorgung und Logistik, ohne Kosten für die Hersteller. In Taiwan zum Beispiel bieten Wissenschaftsparks nicht nur Zugang zu Grundstücken, Strom und Wasser, sondern stellen auch Raum für andere Unternehmen der Lieferkette zur Verfügung, um sich in ein größeres Produktionsnetz zu integrieren. In ähnlicher Weise kooperiert die südkoreanische Regierung über Versorgungseinrichtungen und Infrastruktur hinaus, um günstige Standorte, vereinfachte oder beschleunigte Verfahren und gelockerte Vorschriften zu identifizieren und bereitzustellen. Kein Wunder also, wenn sich sämtliche fortschrittlichen Halbleiter-Fertigungskapazitäten der Welt derzeit in Taiwan (92 Prozent) und Südkorea (acht Prozent) befinden.[3]

Das hohe Innovationstempo in der Halbleiterindustrie ist das Ergebnis enormer Investitionen und einer ausgefeilten globalen Wertschöpfungskette und Forschungsinfrastruktur, die in hochspezialisierten, über die ganze Welt verteilten Unternehmen und Institutionen integriert wird. Daher liegt die Lösung für die Verknappung auf keinen Fall im Streben nach vollständiger Autarkie durch eine nationale Industriepolitik mit schwindelerregenden Kosten und fragwürdiger Durchführbarkeit. Stattdessen braucht die Halbleiterindustrie eine nuancierte, gezielte Politik, welche die Widerstandsfähigkeit der Lieferkette stärkt und den offenen Handel ausweitet, während sie gleichzeitig die Bedürfnisse der nationalen Sicherheit berücksichtigt.[4] Es ist die Aufgabe des Staates, hier mit Weitsicht zu planen, rechtzeitig die Weichen für die Zukunft zu stellen und konsequent zu handeln, damit ein Land wettbewerbsfähig bleibt. Allerdings müssen wir uns auch darüber im Klaren sein, ob es sich lohnt, auf einen bereits schnell fahrenden Zug wie jener in der Halbleiterindustrie aufzuspringen.

Hat die EU eine schlüssige Zukunftsvision der Digitalisierung? Wo genau liegen die Schwerpunkte mit Differenzierungspotenzial gegenüber den USA und Asien?

Die EU will 145 Milliarden Euro aus dem Konjunkturprogramm nutzen, um die Digitalisierung zu fördern. Die Fragen, die ich mir dabei stelle, bleiben bisher ohne Antwort: Hat die Europäische Union eine schlüssige Zukunftsvision der Digitalisierung? Wo genau liegen die Schwerpunkte mit potenziellem Differenzierungspotenzial gegenüber den USA und Asien? Gibt es ein Konzept für die konkrete Umsetzung und einen Zeitplan mit verbindlichen Zielen und messbaren Meilensteinen? Und welche Rolle spielt Deutschland dabei?

Die zweite gestalterische Aufgabe des Staates: die Evaluierung staatlichen Handelns. Ankündigungsminister und unverbindliche staatliche Zielvorgaben hat es in der Vergangenheit mehr als genug gegeben. Spätestens seit Corona wissen wir, das Geld ist da, wenn die Situation es erfordert. Damit wir kein Steuergeld aus dem Fenster werfen, braucht es neben klaren Konzepten eine konsequente, ergebnisorientierte Planung der Umsetzung. Wir brauchen eine Politik, die an den Ergebnissen gemessen wird, und zwar unabhängig von der gerade regierenden Partei oder des aktuellen Koalitionsvertrags. Sie muss über die Legislaturperioden hinaus wirksam bleiben. Dabei kann man von den Erfahrungen der digitalen Transformation in der Wirtschaft lernen. Die erfolgreiche digitale Transformation ist kein Planspiel, sondern Ausdruck des Willens zu konsequenter Umsetzung.

Als John Doerr 1999 den Gründern von Google seine Methode zur Erreichung von Unternehmenszielen – heute bekannt als OKR (»Objectives and Key Results«, Zielvorgaben und Kernresultate) – erläutert hatte, legte Google seine Unternehmensstrategie entsprechend fest und der Rest ist Geschichte. OKRs sind ein auf Zusammenarbeit fußendes Zielsetzungswerkzeug, das von Teams und Einzelpersonen verwendet wird, um anspruchsvolle, ehrgeizige Ziele mit messbaren Ergebnissen zu erreichen. Mit OKRs wird der Fortschritt eines Projekts verfolgt und eine einheitliche Ausrichtung geschaffen, die das Engagement aller Beteiligten rund um messbare Ziele fördern kann.

Wenn Ziele richtig konzipiert und eingesetzt werden, wirken sie wie ein Impfstoff gegen unklare Konzepte und unverbindliche Ausführung. Key Results (KR) messen und überwachen, wie wir das Ziel erreichen. Entweder man erfüllt die Anforderungen eines Kernresultats oder man erfüllt sie nicht; es gibt keine Grauzone, keinen Raum für Ungewissheit. Am Ende des festgelegten Zeitraums, in der Regel ein Vierteljahr, stufen die Verantwortlichen die Ergebnisse als erfüllt oder nicht erfüllt ein. Bei Zielen, die sich über ein Jahr oder länger erstrecken, entwickeln sich die Kernresultate mit dem Fortschreiten der Arbeit weiter. Sobald sie alle erfüllt sind, ist das Ziel zwangsläufig erreicht.[5]

Ein digitales Rolling OKR-Protokoll sollte für jedes große Investitionsprojekt angelegt werden, damit über die Legislaturperioden hinaus die Umsetzung optimiert werden kann. Die Ausreden der Minister in Kabinettssitzungen und Pressekonferenzen wären dann Geschichte.

Kann dieses Instrument auch in der Politik angesichts von Zukunftsungewissheit und unbekannten Rahmenbedingen eingesetzt werden? Die Antwort aus der Praxis der digitalen Transformation in der Wirtschaft ist ein eindeutiges »Ja«, wo ebenfalls mit externen Dienstleistern gearbeitet, das heißt die Implementierung nicht selbst durchgeführt wird. Ein digitales Rolling OKR-Protokoll sollte für jedes große Investitionsprojekt angelegt werden, damit über die Legislaturperioden hinweg die Umsetzung kontrolliert und optimiert werden kann. Die Ausreden der Minister in Kabinettssitzungen und Pressekonferenzen wären dann Geschichte.

Allerdings können solche Verfahren nur dann optimal angewandt werden, wenn Mitarbeiter sich darauf eingestimmt haben, wie sie sich in kritischen Situationen verhalten, wie sie mit Druck fertig werden und auf Herausforderungen reagieren, wie sie mit Kollegen, Partnern und Kunden umgehen. Kultur bestimmt die Art und Weise, wie eine Organisation als Ganzes arbeitet, um Ziele zu erreichen, sie umfasst auch das Verhalten und die Grundwerte jedes einzelnen Mitarbeiters.

Während die Strategie die Richtung und den Fokus definiert, ist die Kultur der Lebensraum, in dem die Strategie lebt oder stirbt. Die Organisationskultur ist abhängig von den Stimmungen der Menschen, die sie definieren, und ein entscheidender Faktor für den langfristigen Erfolg eines jeden Unternehmens. Egal, wie hart die perfekt organisierte Strategie geplant wurde, am Ende sind es die Menschen, die sie zum Leben erwecken, diejenigen, die für ihren eigenen Erfolg oder ihr Scheitern verantwortlich sind.

Die Methoden der Digitalisierung können wesentlich dazu beitragen, die politischen Prozesse transparenter zu machen, versteckte Kosten aufzudecken und so die Umsetzung ständig zu verbessern.

Die staatliche Daseinsvorsorge konzentriert sich auf die finanziellen, rationalen und rechtlichen Faktoren eines Vorhabens, versäumt es aber zumeist, die entsprechende Kultur einzubeziehen. Über Kultur in der Politik wird kaum in der Öffentlichkeit debattiert. Es wird wie selbstverständlich vorausgesetzt, dass die jeweiligen Amtsinhaber die notwendige Ethik, das nötige Verantwortungsbewusstsein, die Fähigkeit zur Selbstkritik, die Lernfähigkeit und Motivation zur ständigen Optimierung mitbringen. Leider ist das zu selten der Fall. Hinzukommt, dass nur sehr wenige von ihnen Erfahrungen mit Großprojekten in der realen Welt gesammelt haben oder verantwortlich für eine digitale Transformation waren. Die Methoden der Digitalisierung können wesentlich dazu beitragen, die politischen Prozesse transparenter zu machen, versteckte Kosten aufzudecken und Bereiche, die keinen Mehrwert schaffen, zu optimieren und so die Umsetzung ständig zu verbessern.

Um die Digitalisierung gewinnbringend für die Gesellschaft einzusetzen, braucht es neue Fähigkeiten. Das Bildungssystem und dessen Inhalte müssen daher grundlegend neu ausgerichtet werden.

Digitalisierung will gelernt sein

Die dritte gestalterische Aufgabe des Staates ist die Schaffung geeigneter staatlicher Rahmenbedingungen für die Evaluierung im Bildungsbereich. Die digitale Transformation bringt qualitative Veränderungen mit sich. Informationen sind im Überfluss vorhanden, während sich Technologien und Werkzeuge rasant verändern. Deshalb müssen die nötigen Kompetenzen erworben werden, damit die Menschen sich in diesem Umfeld zurechtzufinden. Dazu gehören einerseits technische Fähigkeiten, die den Umgang mit bestimmten Geräten, Medien und Tools umfassen; andererseits die persönlichen Fähigkeiten zu lernen, zu reflektieren, zu adaptieren. Um die Digitalisierung gewinnbringend für die Gesellschaft einzusetzen und die Risiken und Gefahren richtig einschätzen zu können, braucht es neue Fähigkeiten. Das Bildungssystem und dessen Inhalte müssen daher grundlegend neu ausgerichtet werden.

Die Kultusministerkonferenz (KMK) hat bereits im Dezember 2016 die grundlegenden Leitlinien im Strategiepapier »Bildung in der digitalen Welt« zusammengefasst. Es schlüsselt auf, über welche Kompetenzen Lernende verfügen müssen, um den Anforderungen der sogenannten »digitalen Welt« zu genügen. In den allgemeinbildenden Schulen gelten diese Kompetenzen als verbindlich und müssen nun in die verschiedenen Fächer integriert werden. Mit dem »DigitalPakt Schule« haben Bundesregierung und Bundestag gemeinsam im Jahr 2018 die Absicht bekundet, die Digitalisierung in den allgemeinbildenden Schulen mit fünf Milliarden Euro zu fördern.

China hat allein im Jahr 2021 über neun Milliarden Euro in die *Online Education Industrie* investiert. Rechnet man die bewilligten fünf Milliarden Euro Gesamtsumme auf die rund 40 000 Schulen in Deutschland um, so entfallen im Durchschnitt 120 000 Euro auf die einzelne Einrichtung. In der Anlaufphase wurden bis zu Jahresbeginn 2020 nur verhältnismäßig wenige Mittel abgerufen beziehungsweise bewilligt. Die Bundesregierung teilte mit, dass bis zum Stichtag 30.6.2020 nur 15,7 Millionen der Mittel abgeflossen sind.[6] Ein Beispiel für die fatale Verbindung von großen Ankündigungen mit systematischem Verfehlen der eigenen Zielsetzungen.

Wenn Lehrer nicht ausgebildet werden, ihren Schülern die digitale Welt zu erläutern, dann können sie sie weder auf die neue digitale Arbeitswelt vorbereiten noch zu einer aktiven Rolle als Bürgerinnen und Bürgern in der Demokratie ermuntern.

Auch bei der Umsetzung des KMK-Kompetenz Papiers von 2016 ist bis heute nicht viel passiert. Der Unterricht ist immer noch sehr lehrerzentriert, ein schülerorientiertes, maßgeschneidertes und interaktives Format, was heutzutage auf vielen modernen privaten Onlinelehrplattformen zu finden ist, sucht man in den Allgemeinbildenden Schulen vergeblich. Der Fokus liegt weiter zu sehr auf traditionellen Inhalten, statt darauf, Schüler zu befähigen, sich Wissen selbst anzueignen und Kinder und Jugendliche dabei zu unterstützen, Quellen kritisch zu hinterfragen. Dazu gehört auch die Fähigkeit, sich mit anderen Meinungen in der Debatte auseinanderzusetzen. In einer Gesellschaft, die zunehmend vielfältiger wird, lässt sich immer weniger Gemeinsames voraussetzen, es muss in der Diskussion wiedergefunden werden.

Wenn Lehrer nicht ausgebildet und darauf vorbereitet werden, ihren Schülern die digitale Welt zu erläutern, dann können sie sie weder auf die neue digitale Arbeitswelt vorbereiten noch dazu ermuntern, aktive Bürgerinnen und Bürger der Demokratie zu werden.

Das große Aber: Die Nebenwirkungen der Digitalisierung

Wer wie ich die Nützlichkeit der Digitalisierung für die Demokratie hervorhebt, darf die Schattenseiten nicht auslassen. Und die sind erheblich.

Eine Reihe von Anbietern digitaler Dienste schöpft unsere Daten ab und nutzt sie auf eine uns verborgene Art und Weise. Diese Akteure sind vielfältig: traditionelle politische Parteien aus dem gesamten politischen Spektrum, Organisationen oder Einzelpersonen, die bestimmte politische Agenden vorantreiben, ausländische Akteure, die darauf abzielen, sich in nationale demokratische Prozesse einzumischen. Ebenso die öffentlich zugänglichen Anbieter wie Social-Media-Plattformen und Internet-Suchmaschinen, bis hin zu jenen im Hintergrund arbeitenden und öffentlich kaum bekannten Marktteilnehmern, die Daten-Broker, Ad-Tech-Unternehmen und dem, was als »Einflussindustrie« bezeichnet werden kann.

Persönliche Daten spielen eine fundamentale Rolle in dieser neuen Art der Beeinflussung demokratischer Prozesse. Durch die Anhäufung und Verarbeitung riesiger Datenmengen werden Profile von Einzelpersonen auf der Grundlage ihrer erklärten oder abgeleiteten politischen Ansichten, Vorlieben und Eigenschaften erstellt. Diese Profile werden dann verwendet, um Einzelpersonen mit Nachrichten, Desinformationen, politischen Botschaften und vielen anderen Formen von Inhalten anzusprechen, die darauf abzielen, ihre Ansichten zu beeinflussen. Daten werden auch zu einem integralen Bestandteil der Art und Weise, wie wir wählen – von der Erstellung riesiger Wählerregistrierungsdatenbanken, die manchmal auch biometrische Daten enthalten, bis hin zur elektronischen Stimmabgabe. Solche Wahlverfahren werden oft ohne ausreichende Berücksichtigung ihrer erheblichen Auswirkungen auf die Privatsphäre und der Sicherheit eingeführt.

Die Sorge wächst, dass Datensammler die Informationen, die sie über unser Verhalten, unsere Vorlieben, unsere Interessen, unser Einkommen und dergleichen mehr sammeln, dazu verwenden können, uns zu manipulieren. Die Informationstechnologie hat aus einer Reihe von Gründen die Ausübung von manipulativen Praktiken erheblich erleichtert und die Auswirkungen solcher Praktiken potenziell noch stärker befördert.

Die weit verbreitete digitale Überwachung macht es Datensammlern und -verknüpfern leicht, unsere Schwächen zu erkennen. Die Informationen, die wir freiwillig über unsere Interessen, Vorlieben, Wünsche, emotionalen Zustände, Überzeugungen und Gewohnheiten preisgeben, liefern alles, was ein potenzieller Manipulator wissen muss, um unsere Entscheidungsfindung zu prägen. Digitale Plattformen bieten ein perfektes Medium, um diese Erkenntnisse zu nutzen. Sie sind dynamisch, interaktiv, aufdringlich und in hohem Maße personalisierbar.

Schließlich ist die Reichweite digitaler Werkzeuge enorm. Da digitale Schnittstellen einen wesentlichen Teil des Lebens von so vielen Menschen beeinflussen, haben sie das Potenzial, weitaus mehr Menschen viel tiefer zu berühren als ihre analogen Vorgänger. Social-Media-Dienste mit Millionen, ja Milliarden von Nutzern könnten als Werkzeuge für massive und gleichzeitig sehr gezielte Manipulation eingesetzt werden.[7] Das Geschäftsmodell der großen digitalen Plattformen besteht darin, fast jeden Moment unseres Wachseins an den meistbietenden Werbetreibenden zu verkaufen. Immer raffinierteres »Targeting«, immer mehr personalisierte Werbung und immer stärker automatisierte Dienstleistungen kennzeichnen die moderne, digitale Marketingdisziplin.

Es ist nichts Neues, dass die Werbeindustrie auf unsere Daten scharf ist, um Produkte und Dienstleistungen zu verkaufen. Es ist aber zutiefst beunruhigend, dass unsere Aufmerksamkeit und wir selbst zum eigentlichen Produkt geworden sind. Shoshana Zuboff, emeritierte Professorin der Harvard Business School, schildert in ihrem Buch *The Age of Surveillance Capitalism* von 2019[8] eine parasitäre Wirtschaftslogik, in der die Produktion von Waren und Dienstleistungen einer neuen globalen Architektur der Verhaltensmodifikation untergeordnet wird; eine perfide Mutation des Kapitalismus, die durch eine in der Menschheitsgeschichte beispiellose Konzentration von Reichtum, Wissen und Macht gekennzeichnet ist. Ihr eindringliches Fazit: »Wir können entweder eine Demokratie oder eine Überwachungsgesellschaft haben, aber nicht beides.«

Die Digitalisierung ist notwendiger Teil der Lösung unserer heutigen und zukünftigen Herausforderungen.

Ich respektiere diese Sorge, aber ich teile sie nicht. Vielmehr vertraue ich auf die Fähigkeit demokratischer Staaten, die Gefahren der Digitalisierung für die Demokratie durch ausreichende Regulierung einzudämmen. Und die ersten Schritte dazu werden bereits getan.

Es stimmt ja: Nirgendwo ist die zunehmend datenintensive Natur des zielbezogenen Einsatzes (Targeting) stärker ausgeprägt als im politischen Wahlkampf. Die Nutzung von Daten in diesem Bereich ist zwar nicht neu. Aber neuartig sind Umfang und Granularität der Daten, die Zugänglichkeit und die Geschwindigkeit der Profilerstellung und des Targetings, die dadurch erleichtert werden, sowie die potenzielle Macht, Wähler durch diese Daten zu beeinflussen oder Meinungen zu unterdrücken. Und es gibt Grund zu der Annahme, dass sich Bemühungen wie diese weiterentwickeln werden und die Onlinemanipulation im politischen Bereich zunehmen wird.

Wie können demokratische Staaten sich dagegen zur Wehr setzen? Inzwischen drängen Regierungen, Regulierungsbehörden und NGOs überall auf mehr Transparenz und eine Rechenschaftspflicht der Plattformen hinsichtlich der Datennutzung in politischen Prozessen. Aber viele dieser Bemühungen konzentrieren sich auf das Sichtbare, wie die Regulierung oder Streichung von politischen und themenbezogenen Inhalten sowie die Durchführung von Faktenchecks und Reduktion anonymer Beiträge. Relativ wenig Aufmerksamkeit wird bisher Maßnahmen gewidmet, welche die Transparenz über den Ursprung der Daten und deren Verarbeitung vorschreiben sowie die Nutzung persönlicher Daten für Fachleute überprüfbar machen. So werden leider nicht alle Schlupflöcher gestopft. Im Vorfeld der Wahlen zum Europäischen Parlament 2019 haben die europäischen Institutionen Maßnahmen zum Schutz vor Desinformation verabschiedet.[9] Sie sollen freie und faire Wahlen gewährleisten, indem sie in die Transparenz der politischen Werbung eingreifen, Datenschutz sichern und Sanktionen bei Verletzungen der Bestimmungen androhen. Zusätzliche Maßnahmen sind auch in Bezug auf die Cybersicherheit vorgesehen.

2020 hat die EU einen Verhaltenskodex entwickelt mit Grundsätzen und Pflichten für Onlineplattformen und den Werbesektor bei der Verbreitung von Desinformation im Internet. Facebook, Google, Twitter und Mozilla und einige nationale Verbände der Onlinewerbebranche haben ihn unterzeichnet. Inzwischen verbieten eine Reihe von Plattformen (TikTok, Pinterest, LinkedIn, Spotify, Amazon) politische Werbung. Die Definition, was politische Inhalte sind, interpretieren die Anbieter allerdings unterschiedlich. Im Juni 2020 kündigte Facebook an, dass es den Wählern in den Vereinigten Staaten die Möglichkeit geben werde, soziale Themen, Wahlwerbung oder politische Anzeigen von Kandidaten in ihren Facebook- und Instagram-Feeds nicht mehr zu verfolgen. Obwohl lobenswert, ist die den Wählern überlassene Wahl, entweder politische Anzeigen zu sehen oder nicht, eine in ihrer Wirkung begrenzte und kurzsichtige Entscheidung.

Der Mangel an sinnvoller Transparenz bei zunehmend datengesteuerten Wahlen bleibt für Nutzer und Demokratie weiterhin besorgniserregend.[10] Was müsste getan werden? Gesetze und regulatorische Rahmenbedingungen müssten auf datengesteuerte Kampagnenpraktiken zugeschnitten werden. Wichtiger noch, sie dürften keine Schlupflöcher aufweisen. Akteure, die Daten missbrauchen, müssten zur Rechenschaft gezogen werden können. Das erfordert eine effektive Zusammenarbeit der verschiedenen Institutionen, also Wahlämter, Datenschutzbehörden, Wahlbeobachter und NGOs.

Im April 2021 hat die Europäische Union Regelungen für den Einsatz von künstlicher Intelligenz in den 27 Mitgliedsstaaten vorgestellt. Der erste Vorschlag dieser Art umfasst mehr als 100 Seiten und wird Jahre für die Umsetzung benötigen, aber die Auswirkungen wären weitreichend. Der Plan verbietet – mit einigen Ausnahmen – den Einsatz von biometrischen Identifikationssystemen in der Öffentlichkeit, einschließlich Gesichtserkennung. Weitere verbotene Anwendungen sind Social Credit Scoring, Missbrauch und unterschwellige Verhaltensmanipulation. Auch wenn dieser Einsatz Pionierarbeit leistet, ist durchaus Vorsicht geboten, dass wir durch Fehleinschätzung nicht die Innovationspotenziale wegregulieren. Zum Beispiel ist es bereits heute möglich, mit Überwachungskameras verschlüsselte Videoströme zu erzeugen und diese ohne Entschlüsselung zu verarbeiten. Dadurch kann die Gesichtserkennungstechnologie dort eingesetzt werden, wo Sicherheitsaspekte im Vordergrund stehen.[11]

Virginia Eubanks, die Politikwissenschaftlerin und Technologin an der Universität Albany, veranschaulicht in ihrem Buch, welche beunruhigenden Folgen computerbasierte Entscheidungsfindungen bei der Anwendung in Sozialämtern haben können.[12] Im Kern ist dies ein Buch über Armut und darüber, wie gering die amerikanische Gesellschaft sozial Schwache schätzt. Das Urteil ist vernichtend: Arme Menschen werden als minderwertige, wenn überhaupt noch als Menschen gesehen. Eubanks veranschaulicht, wie diese Auffassung in eine wachsende Zahl neuer technischer Hilfsmittel eingebettet wird. Die Rede ist hier von der Projektion menschlicher Vorurteile in die Algorithmen durch die Programmierer und Ingenieure – nennen wir es »Digital-Bias«.

Das Problem ist nicht neu. Hier kämpfen wir immer noch mit derselben Klassentrennung und Diskriminierung in unseren Gesellschaften. Die digitalen Technologien haben dieses Problem nur immens verstärkt. Die beispiellose Konzentration von Daten und Technologie in ein paar Dutzend Händen führt zu wirtschaftlicher Polarisierung, die wiederum zu Unzufriedenheit, sozialer Instabilität, Umwälzungen und schließlich, wenn sie unkontrolliert bleibt, zu Revolution führt.

Die Schere zwischen Armen und Reichen hat sich in den letzten drei bis vier Jahrzehnten immer weiter geöffnet. Es handelt sich hier um eine ernstzunehmende politische Veränderung, weil es letztlich um die Verteilung oder besser gesagt, die Konzentration von Macht geht. Mehr Macht, als wir je in der Geschichte der Welt hatten, in immer weniger Händen. Wir brauchen eine bessere Implementierung unseres demokratischen Systems, um den angesammelten Überschuss gleichmäßiger zu verteilen, anstatt passiv zuzusehen, wie er sich zunehmend konzentriert.[13]

Damit wir die schwächeren Mitglieder unserer Gesellschaft nicht verlieren, müssen wir lernen um- und neu zu denken. Dazu gehört es, die Digitalisierung als Chance zu begreifen.

Vieleicht kann sogar die Digitalisierung dabei helfen. Damit wir die daraus entstehenden Herausforderungen erfolgreich meistern und die schwächeren Mitglieder unserer Gesellschaft nicht verlieren, müssen wir lernen um- beziehungsweise neu zu denken. Dazu gehört es, die Digitalisierung als Chance zu begreifen und die wichtigen Merkmale dieser Technologie (KI und Big Data) zu verstehen – ja verstehen zu wollen. Für breite Schichten in der Gesellschaft bieten sich unendlich viele neue Erwerbsmöglichkeiten. Sei dies als eigener Unternehmer dank relativ niedriger Eintrittshürden oder als Mitarbeiter in neuen Geschäftsmodellen und innovativen Dienstleistungen. Die Zukunft wird uns KI-basierte Assistenten bereitstellen, die uns bei komplizierten und gar komplexen Aufgabenstellungen unterstützen. Dies wird die Qualität der Ergebnisse und Entscheidungen positiv beeinflussen, was wiederum zu einer nachhaltigeren, ja gerechteren Welt führen wird.

Um dies zu erreichen, ist es von entscheidender Bedeutung, Kinder und Jugendliche sehr früh an diese Themen heranzuführen. Unser Bildungssystem braucht eine digitale Fitnesskur, welche über das Verteilen von ein paar Endgeräten hinausgeht. Dies wird und muss zu Umwälzungen im Lehrkörper führen und kann nur mit großen Investitionen in Humankapital und Infrastruktur gelingen. Die Pandemie hat uns gelehrt, wo die Defizite liegen und dass Geld nicht wirklich einen Engpass darstellt.

Wir werden jedoch nicht umhinkommen, uns darauf vorzubereiten, dass es weiterhin auch politische Kräfte geben wird, welche diese

Entwicklung verlangsamen oder verwässern. Nennen wir dies den Faktor Mensch. Wir sollten uns darüber im Klaren sein, welche Aufgaben dem Staat zufallen und welche besser der privaten Wirtschaft überlassen werden. Der Staat ist angehalten, die besten Rahmenbedingungen zu schaffen und sich vor allem in vorwärtsgerichteten Themen zu engagieren, die unser Land und Europa auch in Hightechbereichen auf Augenhöhe mit dem Wettbewerb in Amerika und Asien bringen.

In diesem Punkt gibt es aus meiner Sicht wenig Grund zur Zuversicht. Die Ergebnisverantwortung ist in der Politik leider nicht wirklich verankert, der Schlingerkurs aufgrund veränderter Mehrheiten an der Wahlurne im Vierjahresrhythmus nicht zielführend. Moderne Technologie könnte helfen, die Leistung von Politikern transparenter zu machen und Kriterien für eine Wiederwahl zu definieren. Vielleicht brauchen wir auch Vereinbarungen zwischen Bürgern und Politik, durch die ungeachtet der Machtverhältnisse im Bundestag gewährleistet ist, dass stetig und mit gleichbleibender Priorität an den großen, langfristigen Themen gearbeitet wird.

Diese Entwicklung hat ihre Nebenwirkungen – positive wie negative. Hier wird der Gesetzgeber gefordert, mit Umsicht intelligente Regeln zu definieren, damit wir uns gegenüber der Konkurrenz in Ost und West nicht ins Abseits regulieren, und gleichzeitig dafür sorgen, dass der Mensch nicht zum Produkt verkommt, Wahlen manipuliert werden oder Verschwörungstheorien unsere Gesellschaft destabilisieren.

Die Digitalisierung ist – und davon bin ich sehr überzeugt – notwendiger Teil der Bewältigung unserer heutigen und zukünftigen Herausforderungen.

Literatur

BCG. 2021. »Strengthen the global semiconductor supply china in an uncertain era«. BCG & Semiconductor Industry Association. 2021

Decker, Frank et al. 2019. *Vertrauen in Demokratie. Wie zufrieden sind die Menschen in Deutschland mit Regierung, Staat und Politik?* Bonn: s. n., 2019

Digital Magazin. 2018. »Digitalisierung: Was ist das? Eine Definition«. [Online] 28.02.2018. https://digital-magazin.de/digitalisierung-definition/.

EU. 2016. »The European Digital Competence Framework for Citizens«. [Online] EU, 09.06.2016. https://ec.europa.eu/social/main.jsp?catId=738&furtherPubs=yes&pubId=7898&langId=en&.

Eubanks, Virginia. 2018. *Automating Inequality*. New York 2018

Facebook. 2016. [Online] 2016. https://www.allerin.com/blog/dont-worry-if-you-are-bad-at-negotiating-ai-bots-are-here-to-help.

Kauer, Sebastian. 2019. »Kompetenzen für die digitale Welt und politische Bildung«. [Online] 23.10.2019. https://www.bpb.de/lernen/digitale-bildung/werkstatt/298882/kompetenzen-fuer-die-digitale-welt-und-politische-bildung.

Kahneman, Daniel. 2012. *Schnelles Denken, langsames Denken*. München 2012

NIM. 2021. Voice of the Leaders of Tomorrow 2021 – Challenges for Human Trust in a Connected and Technology-Driven world. 2021.

OKR Meaning Definition. [Online] https://www.whatmatters.com/faqs/okr-meaning-definition-example/.

P21. 2007. Frameworks for 21st Century Learning. [Online] 2007. https://www.battelleforkids.org/networks/p21/frameworks-resources.

Panchadsaram, Ryan; Prince, Sam. 2020. »What is an OKR? Definition and examples«. [Online] whatmatters.com, 2020. https://www.whatmatters.com/faqs/okr-meaning-definition-example/.

Privacy International. 2020. »Apart from Google, Facebook and Twitter, what are other platforms doing about political ads?« [Online] 23.04.2020 https://privacyinternational.org/long-read/3703/apart-google-facebook-and-twitter-what-are-other-platforms-doing-about-political-ads.

–. 2019. »Data Exploitation and Democratic Societies«. [Online] 01.05.2019. https://privacyinternational.org/long-read/2850/data-exploitation-and-democratic-societies.

–. 2019. »European Parliament elections – protecting our data to protect us against manipulation«. [Online] 25.04.2019. https://privacyinternational.org/news-analysis/2824/european-parliament-elections-protecting-our-data-protect-us-against.

–. 2021. »Online political ads – a study of inequality in transparency standards«. [Online] 15.01.2021. https://privacyinternational.org/news-analysis/4370/online-political-ads-study-inequality-transparency-standards.

Scholz, Leander. 2021. »Für radikale Meinungsfreiheit«. In: *NZZ*. 12.06.2021, S. 21

Socrates. 2017. Why the politics of the future is technology and technology is the future of politics. [Online] 03.2017. www.singularityweblog.com/politics.

Susser, Daniel; Roessler, Beate; Nissenbaum, Helen. 2019. »Online Manipulation: Hidden Influences in a Digital World«. In: *4 Georgetown Law Technology Review 1*. 08.01.2019, S. 45

Wiggers, Kyle. 2021. techregister.co.uk. »MIT aims to reconcile data sharing with EU AI regulations«. [Online] 23.04.2021. http://www.techregister.co.uk.

Wikipedia. 2021. »DigitalPakt Schule«. [Online] 28. 01.2021. https://de.wikipedia.org/wiki/Digitalpakt.

Zuboff Shoshana. 2019. *The Age of Surveillance Capitalism*. New York 2019

Anmerkungen

1 Nürnberg Institut für Marktentscheidungen (NIM). »Voice of the Leaders of Tomorrow 2021 – Challenges for Human Trust in a Connected and Technology-Driven world«. 2021.

2 Daniel Kahneman. *Schnelles Denken, langsames Denken*. München 2012.

3 Boston Consulting Group. »Strengthen the global semiconductor supply china in an uncertain era«. BCG & Semiconductor Industry Association. 2021.

4 Ebd.

5 Ryan Panchadsaram, Sam Prince. »What is an OKR? Definition and examples«. [Online] whatmatters.com, 2020. https://www.whatmatters.com/faqs/okr-meaning-definition-example/.

6 Wikipedia. »DigitalPakt Schule«. [Online] 28.01.2021. https://de.wikipedia.org/wiki/Digitalpakt.

7 Daniel Susser, Beate Roessler, Helen Nissenbaum. »Online Manipulation: Hidden Influences in a Digital World«. In: *4 Georgetown Law Technology Review 1*. 08.01.2019, S. 45.

8 Shoshana Zuboff. *The Age of Surveillance Capitalism*. New York 2019

9 Privacy International. »Data Exploitation and Democratic Societies«. [Online] 01.05.2019. https://privacyinternational.org/long-read/2850/data-exploitation-and-democratic-societies.

10 Privacy International. »Apart from Google, Facebook and Twitter, what are other platforms doing about political ads?« [Online] 23.04.2020. https://privacyinternational.org/long-read/3703/apart-google-facebook-and-twitter-what-are-other-platforms-doing-about-political-ads.

11 Kyle Wiggers. techregister.co.uk. »MIT aims to reconcile data sharing with EU AI regulations«. [Online] 23.04.2021. http://www.techregister.co.uk.

12 Virginia Eubanks. *Automating Inequality*. New York 2018.

13 Socrates. Why the politics of the future is technology and technology is the future of politics. [Online] 03.2017. www.singularityweblog.com/politics.

Demokratie braucht gesellschaftliche Neuordnung

Sonst wird sie von Eigennutz, Machthunger und Ungleichheit zerrieben

Von Dennis J. Snower

Die Globalisierung mag vordergründig mehr Wohlstand erzeugt haben. Doch schaut man auf die Statistiken jenseits des Bruttoinlandsprodukts, ergibt sich ein anderes Bild. Auf der ökonomischen Ebene erkennt man, dass dieses Mehr an Wohlstand eben sehr ungleich verteilt ist. Auf der soziologischen Ebene ist eine Schwächung des sozialen Zusammenhalts und auf der psychischen Ebene eine breitflächige Entmächtigung spürbar geworden. Auf der naturwissenschaftlichen Ebene wird unsere Umwelt erschöpft und destabilisiert. Auf all diesen Ebenen ist eine Kluft zwischen den Machtlosen und den abgeschotteten Eliten entstanden. Dies sorgt für eine zunehmende Zerstörung der Gesellschaft und unterhöhlt damit letztlich unsere Demokratie.

Wir leben in einer Zeit großer Umbrüche. Megatrends wie die Globalisierung und die Digitalisierung verändern unsere Art zu leben und zu arbeiten. Politische, gesellschaftliche und ökonomische Krisen sind allgegenwärtig – seien es die Klimakrise, die Flüchtlingskrise oder die Euro-Staatsschuldenkrise, die weltweite Finanzkrise der Jahre 2008 und 2009 oder – wenn wir noch ein paar Jahre weiter zurückblicken – die Dotcom-Krise. Heute erleben wir die Corona-Krise als Gesundheits-, Wirtschafts- und Gesellschaftskrise in einem.

Das Virus hat eine wirtschaftliche und politische Epoche abrupt beendet, in der jahrzehntelang als Leitmotiv galt, dass jedem geholfen ist, wenn jeder vor allem sich selbst hilft.

Corona als eine Chance für einen neuen Anfang

Die Corona-Pandemie hat ihren Platz in den Geschichtsbüchern sicher. Nicht, weil historisch viele Menschen daran gestorben wären – da hat die Menschheit schon Schlimmeres überstanden. Vielmehr hat das Virus eine wirtschaftliche und politische Epoche abrupt beendet, in der jahrzehntelang als Leitmotiv galt, dass jedem geholfen ist, wenn jeder vor allem sich selbst hilft – und es damit gesellschaftlich erstrebenswert ist, wenn man vorrangig seine Eigeninteressen verfolgt.

Dieses Dogma wurde durch das Coronavirus ad absurdum geführt. Es gab zwar durchaus Leute, die weiterhin ihre Eigeninteressen verfolgten und in Diskotheken gingen, Partys veranstalteten, nach Mallorca an den Ballermann flogen oder in den Skiurlaub fuhren und auf den »Querdenker«-Demonstrationen dicht gedrängt und ohne Mund-Nasen-Schutz gegen die Corona-Maßnahmen der Regierung protestierten. Als sogenannte »Superspreader« sorgten diese Menschen dafür, dass sich das Virus immer weiter ausbreitete. Auf der anderen Seite aber gab es jene Menschen, die im Sinne der Gesellschaft handelten, indem sie ihre Masken trugen, für ältere und gebrechliche Menschen einkauften und auf Urlaub, Partys und private Treffen verzichteten. Ganz abgesehen von den Mitarbeitern des Gesundheitswesens, des Lebensmitteleinzelhandels, der Logistik und vielen weiteren Bereichen, die den Laden in der Krise irgendwie am Laufen hielten. So hat die Pandemie die Nachteile des Individualismus und die Vorteile gesellschaftlicher Hingabe und Solidarität zutage gefördert.

Gesellschaftliche Fehlentwicklung und ihre Folgen

Zugleich hat diese Krise auch die gesellschaftlichen Fehlentwicklungen der vergangenen Jahre und Jahrzehnte schonungslos offengelegt. Unser demokratisches System hat sich Jahr für Jahr mehr von den wichtigsten menschlichen Bedürfnissen entkoppelt. Der Fokus der politischen Entscheidungsträger darauf, im Zuge von Megatrends wie der Globalisierung und der Digitalisierung weiterhin den individuellen, materialistischen Nutzen zu maximieren, hat zu einer Erosion des sozialen Zusammenhalts innerhalb der Gesellschaft geführt.

Das hat politische Extreme entfesselt, die nicht erst seit den Querdenker-Demonstrationen offen zutage treten, sondern schon vor der Corona-Krise zu sehen waren. In Deutschland haben wir den Aufstieg der rechtspopulistischen AfD erlebt, die die Unzufriedenen um sich geschart hat. Dabei gab es für den Aufstieg einer Protestpartei wie der AfD vordergründig gar keinen Anlass: Im September 2017, als die Partei mit einem Rekordergebnis von 12,6 Prozent erstmals in den Deutschen Bundestag einzog, ging es dem Land ziemlich gut. Die Regierungsparteien CDU/CSU und SPD dagegen – eigentlich ja verantwortlich für den wirtschaftlichen Erfolg des Landes in jener Zeit – verloren 8,6 beziehungsweise 5,2 Prozent der Wählerstimmen.

Knapp ein Jahr zuvor, im November 2016, konnte man das gleiche Muster in den USA beobachten: Die Wirtschaft boomte, doch der Republikaner Donald Trump hatte bei den Präsidentschaftswahlen 2016 Erfolg mit einem populistischen Wahlkampf, in dem er sich als Anwalt des sprichwörtlichen »kleinen Mannes« mit einer »America First«-

Kampagne profilierte und gegen Mexikaner, Chinesen und das vermeintlich korrupte Establishment in Washington, D.C. hetzte. Dasselbe hatten wir ein knappes halbes Jahr zuvor, im Juni 2016, beim Brexit-Referendum in Großbritannien erlebt: Auch Großbritannien ging es gut, die Wirtschaft boomte und es war offenkundig, wie groß der wirtschaftliche Nutzen der EU-Mitgliedschaft für das Vereinigte Königreich war. Und doch stimmte eine knappe Mehrheit der Briten – 51,9 Prozent – für den EU-Austritt des Landes.

Die westlichen Demokratien haben ihren politischen Kompass verloren. Die politischen Entscheider haben übersehen, dass sich eine diffuse Unsicherheit bei immer mehr Menschen breitgemacht hat.

Warum lehnt sich die Bevölkerung eines Landes gegen die Mitgliedschaft in einer Gemeinschaft auf, von der sie wirtschaftlich profitiert? Die Antwort hierauf gilt auch für die beiden zuvor geschilderten Fälle: Die westlichen Demokratien – sei es nun in Deutschland, in den USA, in Großbritannien oder in vielen anderen Ländern, wo sich ähnliche Entwicklungen beobachten lassen – haben ihren politischen Kompass verloren. Die politischen Entscheider haben übersehen, dass sich eine diffuse Unsicherheit in immer größeren Teilen der Bevölkerung breitgemacht hat, befeuert durch die Angst vor gesellschaftlichem Zerfall, wirtschaftlicher und politischer Entmachtung und Entfremdung.

Auf der einen Seite gibt es die Gruppe der Machtlosen. Sie haben das Gefühl, nicht an den Gewinnen der Globalisierung beteiligt zu sein und ihren eigenen wirtschaftlichen und sozialen Erfolg nicht mehr eigenhändig steuern geschweige denn steigern zu können – in Deutschland vor allem in den östlichen Bundesländern, in Großbritannien in den klassischen Arbeitermetropolen wie Liverpool und Manchester, in den USA im Mittleren Westen und dem sogenannten Rust Belt. Auf der anderen Seite steht die Gruppe der Abgeschotteten, deren Wohlstand weitgehend unabhängig von wirtschaftlichen Fluktuationen ist. Diese Gruppe ist vor allem auf ihr eigenes Wohlergehen und die Verteidigung des Status quo bedacht.

Der gesellschaftliche Graben ist nicht allein durch unzureichende Einkommensmobilität zu erklären, bei der ein gesellschaftlicher Auf- und Abstieg also für jedermann möglich wäre. Einkommensmobilität lässt sich durch Sozialleistungen, politische Korrektheit und vieles mehr verbessern. Aber sie garantiert kein gemeinsames gesellschaftliches Ziel. Vielmehr sind gesellschaftliche Konflikte programmiert, wenn die eine Gruppe ihr Leben nicht durch eigenes Zutun verbessern kann und sich abhängig fühlt von wirtschaftlichen Entwicklungen, auf die sie keinen Einfluss nehmen kann, und die andere ihren Lebensstandard vom Rest des Landes abgekoppelt hat.

Die Machtlosen sind wütend darüber, dass sie machtlos sind, und gründen ihre Identitäten nicht auf wirtschaftlicher Leistungsfähigkeit, sondern auf Nation und Kultur – auf ihr Deutsch-, Britisch- oder Amerikanisch-Sein. Die nationale Identität wird für sie wichtiger als der Lebensstandard und sie fühlen sich zu Politikern hingezogen, die ihnen versprechen, ihnen ihr Land zurückzugeben und das Establishment zu entmachten. Die Abgeschotteten wiederum sind abgehoben und unnahbar. Ihr Einkommen hängt meist nicht von der Arbeitslosenquote zu Hause ab. Sie können es sich leisten, ihre nationale Identität nicht in den Vordergrund zu stellen, wie zum Beispiel die Rentner, deren Pensionszahlungen garantiert sind. Donald Trump, der Brexit und die AfD sind Ausdruck sozialer Desintegration: Menschen sind immer weniger in der Lage, ein Gemeinwohl zu erkennen. Das sorgt wiederum für zunehmenden Unwillen, ein gemeinsames Ziel mit den Mitbürgern zu verfolgen.

Ein wichtiger Teil des Problems ist mangelnde Befähigung und fehlende soziale Zugehörigkeit – nicht nur für die Machtlosen, sondern auch für breite Schichten der Mittelklasse.

Und doch erklärt die zunehmende Ungleichheit nur einen Teil der Problematik, mit der wir konfrontiert sind. Wäre Ungleichheit das einzige Problem, ließe es sich durch Umverteilung lösen. Doch dem ist eben nicht so. Denn ein wichtiger und oft übersehener Aspekt liegt in der mangelnden Befähigung und fehlenden sozialen Zugehörigkeit – nicht nur der Machtlosen, sondern auch breiter Schichten der Mittelklasse, die qualifizierte Routinearbeiten verrichten. Ob nun in den USA, in Deutschland, in Großbritannien oder anderen westlichen Demokratien: Man ist längst nicht mehr seines eigenen Glückes Schmied, man kann nicht mehr durch harte Arbeit den Aufstieg nach ganz oben schaffen und vom Tellerwäscher zum Millionär werden. Man kann heutzutage den Job verlieren, ohne die eigene Leistung zum Negativen verändert zu haben. Die derzeitige Form der Globalisierung ist mit einer enormen Flexibilität der globalen Wertschöpfungsketten verbunden, die sich auf der endlosen und weltweiten Suche nach Rentabilität von Region zu Region verschieben können.

Die daraus resultierende Entmachtung wird durch einen anderen globalen Trend erhöht: die Automatisierung, getrieben durch die digitale Revolution. Der heutige Job, den man unverändert gewissenhaft durchführt, droht, insbesondere dann, wenn er ein Routinejob ist, zunehmend von Maschinen vereinnahmt zu werden. Hier bieten die eigene Leistung und Qualifikation auch keinen Schutz mehr gegen zukünftige Arbeitslosigkeit. Diese Phänomene führen zu einer Entfremdung der Menschen von einem Wirtschaftssystem, das solche Gefahren hervorruft, und untergraben den Sinn des gesellschaftlichen Gemeinwohls.

Dynamit für ein gefährliches soziales Gebräu

In dieses gefährliche soziale Gebräu sind in den vergangenen Jahren auch noch mehrere Einwanderungswellen geflossen: Migranten aus Mexiko und anderen lateinamerikanischen Ländern machten sich in großen Trecks auf zur Südgrenze der USA, Flüchtlinge aus Syrien zogen über die Balkanroute Richtung Deutschland, zehntausende Einwanderer aus den östlichen EU-Mitgliedsstaaten Polen, Tschechien und dem Baltikum versuchten, sich in Großbritannien ein neues Leben aufzubauen. Damit hatte die Gruppe der Machtlosen und der gefährdeten Mittelklasse ihre Sündenböcke: die Ausländer, die den hart arbeitenden Einheimischen die Jobs wegnehmen und Sozialleistungen abkassieren wollten – so zumindest die Parolen von Nigel Farage, Donald Trump, Alexander Gauland und Co. Und die Schuld an allem trägt natürlich das politische Establishment in London, Brüssel, Washington oder Berlin.

Diese Gemengelage hat in einen gefährlichen Teufelskreis geführt: Das Defizit an Solidarität und Befähigung beflügelt den wachsenden Populismus und der wachsende Populismus wiederum treibt die Spaltung der Gesellschaft weiter voran und verschärft die Probleme. Damit verschwindet der Kitt, der die Gesellschaft zusammenhält.

Diese Probleme wurden durch die Corona-Pandemie noch weiter verstärkt: Es sind nämlich weltweit überproportional viele arme Menschen an der tückischen Lungenkrankheit gestorben. Häufig hatte das entweder damit zu tun, dass ihnen der Zugang zum Gesundheitssystem fehlte, weil ihre Gesundheitsversorgung von der Fortsetzung ihrer Arbeit abhing, auch wenn diese mit einer erhöhten Infektionsgefahr verbunden war. Oder es lag daran, dass sie in beengten Wohnverhältnissen leben mussten, wo es nur schwer möglich ist, Abstand zu anderen zu halten. Im Zuge der Krise haben zudem überproportional viele Menschen aus dem Niedriglohnsektor ihre Arbeitsplätze verloren – etwa im Einzelhandel und der Gastronomie.

Gerade wer mit Routinetätigkeiten beschäftigt ist, fürchtet einmal durch Roboter ersetzt zu werden. Er bräuchte Anreize, sich weiterzubilden und neue Fähigkeiten aufzubauen.

In dem Zusammenhang ist noch ein weiteres, lange schwelendes Problem in Deutschland und anderen europäischen Ländern offen zutage getreten: Weil in den vergangenen Jahren nicht genug in Aus- und Weiterbildung investiert wurde und die Ausbildungssysteme hinsichtlich der Digitalisierung nicht ausreichend flexibel sind, sind die Menschen mit Blick auf ihren Arbeitsplatz unzureichend darauf vorbereitet, sich neuen Anforderungen anzupassen.

Die Digitalisierung ändert die Arbeitswelt, aber die Aus- und Weiterbildungssysteme sind für die Zukunft nicht ausreichend gerüstet. Gerade wer mit Routinetätigkeiten beschäftigt ist, fürchtet nicht ganz zu Unrecht, dass er über kurz oder lang durch Roboter ersetzt werden könnte, und bräuchte deswegen Anreize, sich weiterzubilden und Fähigkeiten aufzubauen, die Maschinen sich schwer aneignen können: die Verbindung von sozialer und technischer Kompetenz, Kreativität, Einfühlsamkeit oder die Übernahme von Verantwortung, um nur einige zu nennen. Zumal gerade in der Post-Covid-Welt noch einmal höhere Anforderungen an die Anpassungsfähigkeit von Unternehmen und ihren Mitarbeitern an neue wirtschaftliche Rahmenbedingungen gestellt werden.

Notwendige Einhegung der Digitalisierung

Überhaupt wirkt die Digitalisierung mit all ihren Ausprägungen – Big Data, künstliche Intelligenz, Automatisierung, Robotik und Plattformökonomie – im persönlichen Austausch, in Gesellschaft, Kultur, Politik und Wirtschaft disruptiv und sorgt für immer größere Probleme auch für unsere Demokratie.

Die digitalen Monopolisten steuern unsere Aufmerksamkeit und strukturieren unsere sozialen Netzwerke. Dadurch werden wirtschaftliche, soziale und politische Freiheiten gezielt untergraben.

Denn das derzeitige Datenregime beruht auf einer Art digitalem Kuhhandel: Dienstleistungen dürfen kostenfrei genutzt werden – im Austausch für die persönlichen Daten, die man dem Anbieter preisgibt. Das Problem dabei ist einerseits, dass die Nutzer den Wert ihrer Daten überhaupt nicht einschätzen können, also gar nicht wissen, ob die dafür erhaltene Dienstleistung diesen Wert widerspiegelt. Und andererseits hat dieser Kontrollverlust gravierende gesellschaftliche Folgen: Die digitalen Monopolisten steuern unsere Aufmerksamkeit und strukturieren unsere sozialen Netzwerke, in erster Linie um Einnahmen für Werbetreibende und andere Einflussverkäufer zu generieren, ohne dass wir davon direkt etwas mitbekommen. Dadurch werden wirtschaftliche, soziale und politische Freiheiten gezielt untergraben: Würde, Freiheit, Gleichheit, Solidarität und Gerechtigkeit etwa sind derzeit in der digitalen Sphäre nicht sichergestellt.

Das ist eine Bedrohung der Gesellschaft genauso wie eine der wettbewerbsfähigen sozialen Marktwirtschaft. Zugleich wird der Manipulation demokratischer Prozesse Tür und Tor geöffnet, etwa durch Fake News. Deshalb ist eine grundlegende Kurskorrektur notwendig. Denn die Digitalisierung kann ihre Vorteile nur ausspielen, wenn es gelingt, die Ineffizienzen und Ungerechtigkeiten, die das derzeitige Regelwerk mit sich bringt, zu beheben, die wirtschaftlichen, sozialen und politischen Freiheiten zu fördern und es zugleich den Menschen zu ermöglichen, die Kontrolle über ihre persönlichen Daten zurückzuerhalten. Dafür muss die Politik die richtigen Stellschrauben justieren.

Erfolg und Misserfolg der Digitalisierung hängen maßgeblich vom Umgang mit Daten ab. Hier kann man grundsätzlich drei Arten von Daten unterscheiden: Zum einen die »offiziellen Daten« (O-Daten) wie Name und Geburtstag, dann die »kollektiven Daten« (K-Daten), die die Menschen freiwillig mit einem bestimmten Personenkreis teilen – etwa Corona-Infektionsdaten in der Warn-App oder die öffentlich zugänglichen Daten auf Social-Media-Profilen. Und dann gibt es noch »private Daten« (P-Daten), die den Interessen der jeweiligen Nutzer komplett unterliegen müssen: Fotos und Gesundheitsdaten etwa oder auch Standortdaten von Mobiltelefonen, mit deren Hilfe sich Bewegungsprofile erstellen lassen.

Die derzeitigen Datenschutzregeln können nicht gewährleisten, dass die Nutzer die Kontrolle über diese Daten gewinnen. Die großen digitalen Dienstleister verfügen über einen zu großen Wissensvorsprung im Umgang mit den Daten ihrer Nutzer und verhindern jegliche Transparenz. Umgekehrt haben die Nutzer eben nicht die Möglichkeit, die Bereitstellung ihrer Daten einzustellen, weil sie sonst von einem großen, gesellschaftlich hoch relevanten Bereich ausgeschlossen wären, dafür sorgt die monopolartige Stellung der Portale. Deshalb brauchen wir ein neues System, das den Nutzern die Kontrolle über ihre Daten zurückgibt.

Unsere Gesellschaft hat es über die Jahrzehnte geschafft, negative Entwicklungen der Marktwirtschaft für den Datenschutz durch Regelungen und Gesetze auszumerzen, sodass nicht nur die Unternehmen davon profitieren, sondern auch die Verbraucher. Wer zum Arzt geht und mit ihm über seine Erkrankung spricht, kann sich darauf verlassen, dass der Arzt diese Informationen nicht einfach weiterverkaufen kann. Wer sich bei seiner Bank über Anlagemöglichkeiten für sein Vermögen beraten lässt, kann sich darauf verlassen, dass er anschließend nicht mit Werbung bombardiert wird, weil der Bankberater an das Bankgeheimnis gebunden ist und die erhaltenen Informationen über das Vermögen und die Anlagepräferenzen des Kunden ebenfalls nicht weiterverkaufen darf. Der Verkauf von Lebensmitteln unterliegt regelmäßigen Kontrollen, Autohersteller müssen detaillierte Nachweise zum Schadstoffausstoß ihrer Fahrzeuge liefern, um sie überhaupt auf den Markt bringen zu dürfen. Derartige Regeln sind nun auch in der digitalen Sphäre dringend notwendig. Dabei kann man viel von der Offline-Welt lernen, um die größten Systemfehler beheben zu können.

Allein die Nutzer sollten darüber entscheiden, welche ihrer Daten wem zu welchem Zeitpunkt zur Verfügung gestellt werden sollen. Deshalb müssen sie echte Kontrolle über ihre O- und P-Daten bekommen. Für K-Daten sollten »Data Commons« eingerichtet werden, die von Nutzern nach zuvor festgelegten Zwecken gemeinsam verwaltet und genutzt werden. Mit umfassendem Rechtsschutz für die Nutzer und einem Wettbewerbsregime, das online die Einhaltung der gleichen Regeln sicherstellt wie offline, lässt sich zudem die Macht der großen Digitalkonzerne einschränken.

Wenn die Menschen die Macht über ihre Daten erhalten, wird der Wettbewerb gefördert, die Nutzung von persönlichen Daten für kommerzielle und politische Manipulation unterbunden und die Demokratie gestärkt.

Nur wenn eine solche umfassende Neuausrichtung gelingt, kann die Digitalisierung zu einem echten gesellschaftlichen Fortschritt werden. Wenn die Menschen die Macht über ihre Daten erhalten, wird der Wettbewerb gefördert. Denn nur dann haben Herausforderer am Markt eine echte Chance gegenüber den etablierten Digital-Platzhirschen. Zugleich

Dennis J. Snower   131

wird die Nutzung von persönlichen Daten für die kommerzielle und politische Manipulation unterbunden – gelebter Verbraucherschutz also. Außerdem würde zum Wohle einer starken Demokratie die Autorität der Grundrechte aufrechterhalten, die durch das derzeitige Modell untergraben und regelmäßig verletzt wird.

Der Staat und damit die Gesellschaft würden von dieser Neuausrichtung auch finanziell profitieren, denn das Problem der Gewinnverlagerung und der damit zusammenhängenden Steuervermeidung durch globale Konzerne ist durch die zunehmende Digitalisierung immer größer geworden. Wenn die Menschen die Hoheit über ihre Daten haben, wäre solchem Vorgehen ein Riegel vorgeschoben. Zugleich ließen sich durch die erhöhte Transparenz neue Quellen für Steuereinnahmen generieren, etwa auf den neuen Informationsmärkten.

Und schließlich befördert die Neuausrichtung des Datenregimes auch neue Potenziale für wirtschaftliche Innovationen. Sie eröffnet neue Chancen für Bildung, Ausbildung und eine Neustrukturierung des Arbeitsmarktes. Sie sorgt dafür, dass die im Netz so weit verbreitete Hate Speech untergraben wird, denn durch die O-Daten würde die Autorschaft der Nutzer bekannt, kurz: Die Neuausrichtung der digitalen Sphäre würde die demokratischen Grundrechte wie den gesellschaftlichen Zusammenhalt stützen, statt beides zu untergraben.

Für eine neue soziale Marktwirtschaft

Die notwendigen Anpassungen in der digitalen Sphäre sind aber nur ein Aspekt, der für ein Wiedererstarken des sozialen Zusammenhalts, für eine geeinte Gesellschaft und damit letztlich für eine stabile Demokratie eine wesentliche Rolle spielt. Denn auch in der analogen Welt geht es darum, alle Interessen zu berücksichtigen und jenen Menschen, die sich mit einer konkreten Problematik vor Ort am besten auskennen, auch die notwendigen Entscheidungen zu überlassen. Denn nur dann können wir die Akzeptanz für unser demokratisches System steigern. Zwingend notwendig dafür ist eine neue Form der sozialen Marktwirtschaft.

Eine Grundlage hierfür bilden die Prinzipien der Wirtschaftsnobelpreisträgerin Elinor Ostrom, die der Frage nachgegangen ist, wie gemeinschaftliches Eigentum von den jeweiligen Nutzern erfolgreich verwaltet werden kann. Was nach einer eher bürokratischen Problematik klingt, ist eine der spannendsten Herausforderungen der Gegenwart. Denn dahinter steht die Frage, wie Gemeinschaftsgüter effizient und gerecht hergestellt und verteilt werden können, eine Frage, die sich etwa am Phänomen der Überfischung der Weltmeere konkret machen lässt: Grundsätzlich ist jedem Fischer bewusst, dass er durch Überfischung langfristig seinen Job riskiert. Trotzdem handelt er rational, wenn er mit möglichst vielen Booten aufs Meer fährt, denn was er nicht im Netz hat, holt sich die Konkurrenz. So ist es für jeden Einzelnen rational, aus Sicht der Gemeinschaft irrational zu handeln.

Das gilt zumindest so lange, wie es kein klares Regelwerk gibt. Dem sollen Ostroms acht Prinzipien entgegenwirken: Zum einen geht es um Identitätsabgrenzbarkeit (1), also eindeutige und lokal akzeptierte Grenzen zwischen legitimen Nutzern und Nichtnutzern, genauso wie klare Grenzen zwischen einer bestimmten Gemeinressource und den sozioökonomischen Systemen in ihrer Umwelt. Dann muss Kohärenz mit lokalen Bedingungen (2) hergestellt werden, die Regeln für die Aneignung und Bereitstellung der jeweiligen Ressource dürfen also die lokalen sozialen und ökologischen Gegebenheiten nicht überfordern. Das zugrundeliegende Regelwerk (3) muss dabei auf gemeinschaftlichen Entscheidungen beruhen, an denen jene Individuen beteiligt sind, die von dem Regime der Ressourcennutzung betroffen sind. Ebenso wichtig ist das Monitoring (4), also eine durch die Gemeinschaft der Nutzer festgelegte Form der Überwachung, ein abgestufter Sanktionsmechanismus (5) bei Regelverstößen sowie ein Konfliktlösungsmechanismus (6), der eine schnelle, günstige und direkte Lösung von Konflikten zwischen den Nutzern sowie zwischen Nutzern und Behörden ermöglicht. Zugleich muss die Regierung den lokalen Nutzern ein Mindestmaß an Rechten (7) einräumen, sich eigene Regeln zu setzen. Und wenn eine Gemeinressource eng verbunden ist mit einem umfassenden sozioökologischen System wie etwa ein See inmitten von Bergen und Wäldern, dann müssen die Regeln auf vielen ineinandergreifenden Ebenen (8) und nicht nach hierarchischen Gesichtspunkten organisiert werden.

Ein Beispiel, wie sich das Dilemma der Überfischung lösen lässt, gibt es etwa in der Türkei: Dort haben Fischer in der Stadt Alanya an der Türkischen Riviera eine Art Kooperative gegründet, in der jeder einen Meeresabschnitt befristet zugeteilt bekommt, der dann in einem geregelten Rotationsverfahren nacheinander mit den anderen Abschnitten getauscht wird, um auf diese Weise möglichst gleiche Bedingungen für alle zu schaffen. So bekommt jeder eine faire Chance und gleichzeitig werden alle Fischer von ihren Konkurrenten überwacht. Das zeigt, dass die Menschen vor Ort mithilfe demokratischer Entscheidungen, die alle Interessen gleichermaßen berücksichtigen, oft die besten Lösungen für ihre Probleme finden. Und es zeigt, auf welcher Basis die Marktwirtschaft zu wünschenswerten Ergebnissen kommen kann.

Wir brauchen ein Gesellschaftsbündnis, in dem jedes Individuum befähigt ist, das eigene Schicksal zu gestalten und zugleich mit anderen für gemeinsame Ziele zusammenzuarbeiten. Die soziale Marktwirtschaft muss auf neue Füße gestellt werden.

Diese Erkenntnisse lassen sich auf die gesamte Gesellschaft übertragen: Es gilt, ein Gesellschaftsbündnis zu schaffen, in dem jedes Individuum befähigt ist, das eigene Schicksal zu gestalten und zugleich mit anderen Menschen zusammenzuarbeiten, um gemeinsame Ziele zu erreichen. Das bedeutet, dass die soziale Marktwirtschaft, als deren Vater in Deutschland Ludwig Erhard gilt, heute auf neue, moderne Füße gestellt werden muss, die den Zeiten, in denen wir leben, angepasst sind.

Natürlich geht es in der sozialen Marktwirtschaft dabei weiterhin darum, das Soziale neben dem Markt zu fördern, um ökonomische Gewinne gerecht zwischen den Menschen zu verteilen. Das hat aber nicht nur mit Umverteilung zu tun, sondern vielmehr mit einer gerechteren Verteilung von Chancen und der Befähigung, individuelle Ziele durch eigenes Handeln zu erreichen. Dafür wiederum ist eine aktive Arbeitsmarktpolitik notwendig, bei der die Arbeitslosen entsprechend ihren Bedürfnissen Arbeitsplätze und Ausbildungsanreize erhalten, es geht also um wirtschaftliche Anreize und nicht mehr um die Verteilung von Geld an die Benachteiligten auf dem Arbeitsmarkt. Zum Beispiel könnten Beschäftigungsgutscheine Unternehmen dazu motivieren, bevorzugt Langzeitarbeitslose einzustellen. Das würde ganz einfach funktionieren: Ein Teil des Arbeitslosengeldes würde auf den Gutschein eingezahlt, dessen Wert mit der Dauer der Arbeitslosigkeit steigt. Findet der Langzeitarbeitslose einen Job, gibt er seinen Beschäftigungsgutschein beim neuen Arbeitgeber ab. Dieser bekäme dann vom Staat einen dem Wert des Gutscheins entsprechenden Zuschuss zu den ersten Gehaltszahlungen.

Das Subsidiaritätsprinzip wiederum, wonach staatliche Aufgaben so weit wie möglich von der unteren Ebene beziehungsweise kleinsten Einheit wahrgenommen werden sollen, stellt sicher, dass Kompetenz und Verantwortung des jeweiligen Lebenskreises anerkannt und genutzt werden – so wie bei den türkischen Fischern, die vor Ort entscheiden, wie die Fanggebiete aufgeteilt werden. Dieses Prinzip stärkt die Befähigung, an der es insbesondere unter den Machtlosen mangelt, und es gehört ausgebaut. Denn nur wer die Menschen an den Entscheidungen beteiligt, die sie direkt betreffen, sorgt für mehr Partizipation und stärkt damit die Demokratie. Es gilt, die gesellschaftlichen Probleme gemeinsam mit den Menschen zu lösen und nicht für sie. Das wiederum erfordert ein hohes Maß an sozialer Disziplin auf allen Seiten. Aber es macht sich am Ende bezahlt, denn die Menschen werden eine Entscheidung, an der sie selbst beteiligt waren, viel eher akzeptieren als eine, die über ihre Köpfe hinweg gefällt wurde.

Natürlich kann aber nicht jeder bei jeder Problemstellung mitreden – es geht darum, die richtige Ebene zu finden, um die jeweiligen Herausforderungen für alle zufriedenstellend zu lösen. Der Bau einer Schule, einer Straße oder eines Spielplatzes ist Sache der Menschen vor Ort, weil dort der jeweilige Bedarf am besten eingeschätzt werden kann. Gleiches gilt für die Aufteilung eines Fischfanggebietes. Umgekehrt können aber globale Probleme wie der Klimawandel oder eine Pandemie von keinem Land der Welt in Eigenregie gelöst werden, schon gar nicht von einer Stadt oder Region. Hier bedarf es einer gemeinsamen globalen Anstrengung. Dafür sind multilaterale Kooperationen über verschiedene Ebenen hinweg notwendig. Das Subsidiaritätsprinzip ist ein Schlüssel zu einer funktionierenden Gesellschaft.

Durch diesen Ansatz können Individualismus, Nationalismus und Multilateralismus komplementär zueinander gestaltet werden. Es ist in unserem individuellen Interesse, nicht nur auf persönlicher oder beruflicher Ebene Erfolg zu haben, sondern auch in einem Staat zu leben, in dem es gut funktionierende Gesundheits- und Bildungssysteme gibt und einen starken sozialen Zusammenhalt. Um nationale Umweltziele, stabile Finanzmärkte oder auch Cybersecurity zu erlangen, ist es in unserem nationalen Interesse, auf multilateraler Ebene die dafür notwendigen internationalen Abkommen zu schließen. Daher sind Patriotismus und Weltoffenheit keine Gegensätze, sondern zwei Seiten der gleichen Medaille.

Dies muss durch neue demokratische Prozesse implementiert werden – und die Europäische Union hat hier die große Chance, zum Vorreiter zu werden. Dazu muss sie sich nicht nur als wirtschaftliches und politisches Projekt verstehen, sondern vielmehr auch zu einem sozialen Projekt werden, das eine gemeinsame europäische Identität erzeugt. Die Herausforderung dabei ist, die Menschen nicht zu bevormunden, sondern das Subsidiaritätsprinzip ernst zu nehmen und wo immer möglich zu Problemlösungen vor Ort zu animieren, um so langfristig die Demokratie zu stärken. Denn wenn das Subsidiaritätsprinzip ernst genommen wird, kann sich niemand mehr über abgekoppelte Entscheidungen aus Berlin oder Brüssel ärgern und automatisch die zuständige Institution als solche infrage stellen. Niemand kann mehr Wahlkampf gegen eine vermeintlich abgehobene Elite in Washington oder London machen. Denn die Entscheidungen, die einen direkt betreffen, werden demokratisch und unter Wahrung der Interessen aller Beteiligten vor Ort beziehungsweise durch eine kooperative Verbindung der lokalen, nationalen und internationalen Ebenen getroffen. Damit ist eine neue Form der Demokratie erreicht.

Wir brauchen eine neue Wohlstandsdefinition

Die wichtigste Erkenntnis aber muss sein, dass Wirtschaftswachstum nicht alles ist – und dass wir unseren Wohlstand nicht allein anhand dieses statistischen Wertes definieren dürfen. Denn sonst erkennen wir Probleme, die in anderen gesellschaftlichen Bereichen entstehen, viel zu spät. Und wir verpassen, wie jüngst in der Corona-Pandemie mit Blick auf Befähigung und soziale Solidarität, die Gelegenheit, rechtzeitig die Schalter umzulegen, um Fehlentwicklungen und damit eine Schwächung unseres demokratischen Systems zu vermeiden.

Unsere traditionelle liberale Weltordnung ist kaum noch in der Lage, wirtschaftliches Wachstum und soziales Wohlergehen gleichermaßen zu ermöglichen.

Unsere traditionelle liberale Weltordnung ist kaum noch in der Lage, wirtschaftliches Wachstum und soziales Wohlergehen gleichermaßen zu ermöglichen. Die Arbeitsteilung, nach der innerhalb eines demokratisch legitimierten Rahmens Verbraucher individualistische Entscheidungen im Sinne einer persönlichen Nutzenmaximierung treffen und gleichzeitig Unternehmen ihre Gewinne zu steigern versuchen, ermöglicht es häufig nicht mehr, wirtschaftlichen Erfolg mit breitflächigem sozialem Erfolg zu vereinbaren. In unserer stark vernetzten, wirtschaftlich und ökologisch integrierten Welt führt individualistisches Handeln oft zu massiven globalen Problemen, indem es etwa die Zerstörung der Umwelt nach sich zieht, eine ungerechte Verteilung des Reichtums befördert und Finanzkrisen erzeugt.

Diese Erkenntnis erfordert ein radikales Umdenken: Wir dürfen Wohlstand nicht nur durch Wachstumzahlen definieren, sondern müssen die Faktoren messen, die zu Lebenszufriedenheit führen. Das Prinzip lässt sich vielleicht am Beispiel des Autos veranschaulichen: Nur weil wir mit 100 Stundenkilometern über die Landstraße brausen können, heißt das nicht, dass wir auf dem Armaturenbrett angezeigte Warnsignale einfach ignorieren dürfen. Wenn zum Beispiel Kühlwassertemperatur oder Ölstand der Anzeige nach nicht in Ordnung sind, wird die sorglose Fahrt nicht lange andauern, irgendwann bleibt das Auto stehen. Ob es nur ein Problem mit überhitztem Kühlwasser gibt und die Fahrt nach einer kurzen Pause fortgesetzt werden kann oder ob ein Motorschaden eine teure Reparatur notwendig macht, wird sich dann zeigen.

Übertragen bedeutet das: Wenn man nur auf das Wirtschaftswachstum schaut und sich freut, dass dort alles im grünen Bereich ist, gleichzeitig aber andere Faktoren sich dauerhaft in kritischer Zone bewegen, ist die Gesellschaft als solche nicht mehr verlässlich funktionsfähig. Dennoch fokussieren sich die Politik und ihre ökonomischen Berater weiterhin auf den materiellen Wohlstand und messen fleißig das Bruttoinlandsprodukt. Dabei haben sie andere, ebenso wichtige Wohlstandsfaktoren aus dem Blick verloren: den sozialen Zusammenhalt in der Gesellschaft, die Befähigung des Einzelnen, sein Schicksal in die eigenen Hände zu nehmen, den Umwelt- und Klimaschutz. Wirtschaftswachstum ohne sozialen Zusammenhalt ist nicht nachhaltig. Wenn man sein Schicksal nicht selbst bestimmen kann und auch die größten Anstrengungen nicht zum Erfolg führen, nimmt die Unsicherheit zu. Und wenn Umwelt- und Klimaschutz aus den Fugen geraten und die Erderwärmung zunimmt, steigt die Wahrscheinlichkeit für Naturkatastrophen und damit ebenfalls die Unsicherheit. Nur wenn alle diese Faktoren angemessen berücksichtigt werden, lässt sich dauerhafter Wohlstand verwirklichen.

Den herkömmlichen Wohlstandsdefinitionen fehlt oft die wichtige Einsicht, dass es nicht Geld allein ist, was glücklich macht, sondern der Sinn, dazuzugehören und das eigene Leben mitzubestimmen, hierfür auch von wesentlicher Bedeutung ist.

Sämtlichen herkömmlichen ökonomischen Wohlstandsdefinitionen fehlt die wichtige Einsicht, dass es nicht Geld allein ist, was glücklich macht, nicht die schicke Villa oder das Luxusauto, sondern der Sinn, dazuzugehören und das Leben mitzubestimmen, hierfür auch von wesentlicher Bedeutung ist. Wobei Geld zugegebenermaßen ein wichtiger Faktor ist, um gesellschaftliche Teilhabe und ein erfülltes Leben zu ermöglichen, aber eben nur zu einem gewissen Grad: Verschiedene Studien aus den vergangenen Jahrzehnten zeigen nämlich, dass zunehmender materieller Wohlstand einen immer geringeren Zuwachs an Zufriedenheit mit sich bringt.

Dieses Phänomen hat als »Easterlin-Paradox« Eingang in die Wirtschaftswissenschaften gefunden, benannt nach dem amerikanischen Ökonomen Richard Easterlin, der bereits 1974 Umfragen zur Lebenszufriedenheit mit Statistiken über das Wirtschaftswachstum in Verbindung brachte. Wie er feststellte, wurden die Amerikaner in dieser Zeit nicht wirklich glücklicher, obwohl der Lebensstandard in der Boomzeit nach dem Zweiten Weltkrieg vor allem in den USA über Jahre hinweg deutlich gestiegen war. Allerdings vermutete auch Easterlin schon damals, dass materieller Wohlstand sehr wohl glücklich machen kann – allerdings besonders dann, wenn er größer ist als etwa der des Nachbarn.

Reiche werden zwar nicht glücklicher, wenn sie noch reicher werden, sie sind aber grundsätzlich glücklicher als Arme. Demnach zählt nicht das, was man sich mit Geld kaufen kann, sondern der gesellschaftliche Status, den der Reichtum mit sich bringt. Wenn alle Menschen in etwa im gleichen Tempo wohlhabender werden und sich die soziale Rangordnung nicht ändert, bleibt auch die Lebenszufriedenheit in reichen Ländern ungefähr gleich. Zumal sich auch ein Gewöhnungseffekt einstellt. Ein Luxusauto oder Designerklamotten heben zwar zunächst den sozialen Status und sorgen für mehr Lebenszufriedenheit. Aber spätestens, wenn Nachbarn und Freunde das gleiche Auto fahren oder ähnliche Kleidung tragen, verpufft der Effekt und die einmal erkaufte Zufriedenheit geht wieder zurück.

Wer durch Barmherzigkeit, Nähe, Aufmerksamkeit, Neugier und Engagement auf sein Umfeld einwirkt, erzeugt dadurch für sich selbst einen Wohlstand, der nicht darauf aufbaut, dass es anderen schlechter geht, sondern darauf, dass es ihnen besser geht.

Wir müssen daher erkennen, dass der Profit der Unternehmen und damit einhergehend der individuelle Konsum der Menschen nicht alles ist. Der Mensch lebt nicht vom Brot allein, weiß schon der Volksmund. Er braucht für sein Wohlbefinden nicht nur Güter und Dienstleistungen. Zwischenmenschliche Beziehungen sind genauso wichtig – vom ersten Atemzug bis zum letzten. Echter Wohlstand beruht auf prosozialen und befähigenden Verbindungen mit dem persönlichen Umfeld – und das ist das Gegenteil von statusorientierten Verhaltensweisen, die letztlich genau auf Abgrenzung von diesem Umfeld zielen. Wer durch Barmherzigkeit, Nähe, Aufmerksamkeit, Neugier und Engagement auf sein Umfeld einwirkt, erzeugt dadurch für sich selbst eine Form von Wohlstand, der eben nicht darauf aufbaut, dass es anderen schlechter geht, sondern darauf, dass es ihnen immer besser geht. Auf diese Weise beförderte zwischenmenschliche Beziehungen lassen sich nicht kaufen und verkaufen. Sie können von der Marktwirtschaft verdrängt, aber nicht ersetzt werden. Oder um es mit den Beatles zu sagen: »Money can't buy me love.«

Es gilt, beide Ebenen des menschlichen Daseins – die individuelle und damit in Teilen konsumorientierte und die zwischenmenschliche Ebene – ernst zu nehmen und unser politisches System danach auszurichten. Denn der Schaden, den eine allein auf den individuellen Vorteil ausgerichtete Wirtschaftspolitik angerichtet hat – schon lange vor der Corona-Pandemie –, ist offensichtlich: Ungezügeltes Wirtschaften, das Luft einfach als frei verfügbares Gut erachtete, hat die Klimakrise verursacht.

Das verbreitete Gefühl von Machtlosigkeit und Entfremdung, hervorgerufen durch die flexiblen, globalisierten Wertschöpfungsketten und die wachsende Automatisierung, hat den Populismus befördert. Das sind Phänomene, die unabhängig von Konsum und Kaufkraft sind, denn auch wohlhabende Menschen fühlen sich entfremdet und sorgen sich um die Zukunft der Arbeit. Die Dotcom-Krise, spätestens aber die internationale Finanzkrise der Jahre 2008 und 2009, haben deutlich gezeigt, dass der Markt allein eben nicht alles regeln kann. Und dass es unerlässlich ist, unternehmerisches Profitstreben mit einer breitflächigen sozialen Verantwortung zu verknüpfen, damit unsere Gesellschaft funktionsfähig bleibt. Die Corona-Pandemie hat nun noch einmal die Gefahren individualistischen Handelns deutlich vor Augen geführt, egoistisches Verhalten hat Superspreader-Ereignisse ermöglicht und damit die rasante Ausbreitung des Virus befördert. Umgekehrt hat die Pandemie ins Bewusstsein breiter Bevölkerungskreise gerufen, wie schlecht manche Berufsgruppen wie etwa Krankenschwestern oder Altenpfleger gemessen an ihrer Bedeutung für Gesundheit und Wohlbefinden in der Gesellschaft bezahlt werden. Gesellschaftlicher Wohlstand hat aber auch damit zu tun, dass es gerecht zugeht.

Zugleich hat die Corona-Krise gezeigt, dass wir als Gesellschaft zwar ganz gut darin sind, auf kurzfristige Herausforderungen zu reagieren. Die Nothilfen für Unternehmen im Zuge des ersten Lockdowns wurden schließlich praktisch über Nacht aus dem Boden gestampft. Auf langfristige Herausforderungen, die uns zunächst nicht zu betreffen scheinen und von denen wir deshalb glauben, uns irgendwann später darum kümmern zu können, fehlt uns aber die Antwort. Das ist etwa in Bezug auf die Impfkampagne und die mangelnde Impfstoffversorgung von Schwellenländern deutlich geworden. Hier war jeder sich selbst der Nächste. Auch der Klimawandel ist eine solche langfristige Herausforderung, auf die viel zu zögerlich reagiert wird.

Kooperation – die neue Kernstrategie

Individuelles Streben, so viel ist klar, löst keine Klimakrise, beendet keine Pandemie und es trägt auch nicht dazu bei, das gesellschaftliche, politische und wirtschaftliche Auseinanderdriften zu stoppen. In entscheidenden Dingen geht es nur voran, wenn Menschen sich zusammentun, wenn sie gemeinsame Ideen entwickeln, wenn es politische Entscheidungen im Sinne des Gemeinwohls gibt und sich alle gemeinsam an bestimmte Regeln halten.

Das mag erst einmal utopisch klingen, ist es aber nicht. Denn der Mensch ist vor Natur aus ein soziales Wesen. Der Erfolg der Menschheit im Vergleich zu anderen Tierarten beruht auf zwei Grundlagen: Zusammenarbeit und Innovation. Und Innovation wiederum entsteht in erster Linie aus Zusammenarbeit. Das zeigt etwa die rasante Entwicklung verschiedener Impfstoffe gegen das Coronavirus: Durch neue Technologien, Vorerfahrung mit Impfstoffprojekten zu verwandten Viren und eine intensive Zusammenarbeit zwischen Forschungsnetzwerken, Pharmaunternehmen und verantwortlichen Behörden konnte ein Prozess, der sonst mehrere Jahre in Anspruch nimmt, innerhalb weniger Monate absolviert werden.

Ohne Kooperation mit anderen kann der Mensch sehr wenig erreichen – da kann es noch so viel Wettbewerb und freie Märkte geben. Das hat nichts mit Planwirtschaft zu tun, denn auch diese ignoriert die menschliche Natur in eklatanter Weise: Sie missachtet durch Gleichmacherei sowohl das menschliche Bedürfnis nach Solidarität als auch das Bedürfnis nach individueller Befähigung.

Wir haben die Wahl, das Mantra des Individualismus weiterzuverfolgen oder uns darauf zu besinnen, was die Menschheit erfolgreich gemacht hat: die Fähigkeit zur Kooperation.

Es geht schlicht darum, gemeinsame Herausforderungen in demokratischer Weise gemeinsam zu lösen – jenseits der althergebrachten Alternative zwischen Markt und Staat, die die dritte Säule unseres menschlichen Daseins, die Zivilgesellschaft, in eklatanter Weise vernachlässigt. Es gilt herauszufinden, welche Probleme sich dadurch am besten lösen lassen, dass man das Potenzial individueller Ideen wirken lässt, und wann es besser ist, ein Problem gemeinschaftlich anzugehen, weil die Summe individueller Entscheidungen nicht zum besten Ergebnis, sondern geradewegs in die nächste Krise führen kann. In den meisten Fällen wird es so sein, dass sich individuelle Ideen und gemeinschaftliche Entscheidungen gegenseitig ergänzen, um das beste Ergebnis herbeizuführen.

Dafür wiederum braucht es Anreize, die den Menschen wie auch den Unternehmen einen Schub in die richtige Richtung geben. Notwendig ist eine strategische Herangehensweise, um alle Ziele gleichermaßen erreichen zu können und auf dem Weg dorthin niemanden zu vergessen. Das bedeutet, Wirtschafts- und Sozialpolitik komplementär als zwei Seiten derselben Medaille zu verstehen. Und es bedeutet, den Wandel, mit dem wir konfrontiert sind, ernst und anzunehmen. Denn nur, wenn sich alle gesellschaftlichen und wirtschaftlichen Akteure gleichermaßen an die neuen Gegebenheiten anpassen, kann auch die Wiederverkoppelung von wirtschaftlichem und sozialem Erfolg gelingen.

Eigentlich braucht es gar nicht so viel, um die Nachteile, die unsere derzeitige Wirtschaftsweise mit sich bringt, zu beseitigen, ohne die Vorteile, die sie zweifellos auch bietet, aufzugeben. Wir müssen nur unseren Blick weiten und einige zum Teil seit Jahrzehnten etablierte Spielregeln ändern, um wirtschaftlichen und sozialen Erfolg wieder miteinander in Einklang zu bringen. Wichtig dabei ist eine völlig neue Denkweise über die Quellen menschlichen Wohlbefindens. Zugleich dürfen wir dabei neue Erkenntnisse nicht einfach ausblenden, sondern müssen sie in unser Gesellschaftsbild einfließen lassen. Nur so lässt sich unser demokratisches System stärken.

Mit anderen Worten: Unser politisches System, unsere Wirtschaftsordnung und unsere Institutionen brauchen ein menschlicheres Antlitz. Wir sollten Wohlstand nicht nur in einem monetären, sondern auch in einem psychischen und sozialen Sinne begreifen. Wenn wir das verstehen und weitere Wohlstandsmessgrößen auf unser politisches Armaturenbrett aufnehmen, haben die Demokratien der Zukunft einen guten Kompass für wahren Wohlstand gefunden.

Unsere globalisierte Welt befindet sich am Scheideweg. Wir können entweder in einer unübersichtlichen Vielzahl von Konflikten zerfallen oder durch gezielte Kooperation unsere gemeinsamen Herausforderungen meistern. Wir haben die Wahl zwischen Konkurrenzdenken oder einer umfassenden, demokratischen und lösungsorientierten Zusammenarbeit über viele Ebenen hinweg. Wir haben die Wahl, wie bisher wider die menschliche Natur zu leben und das Mantra des Individualismus weiterzuverfolgen. Oder uns darauf zu besinnen, was die Menschheit in ihrer Geschichte ausgezeichnet und erfolgreich gemacht hat: die Fähigkeit zur Kooperation.

Wir alle sind gefordert, diese Erkenntnisse zu nutzen, um Wohlstand und Erfolg neu zu definieren. Die Menschheit muss den Reset-Knopf drücken und ihr Streben an den Quellen nachhaltigen Wohlstands ausrichten. Wir müssen erkennen, dass der unermüdliche Drang, mehr Wachstum zu erzeugen, unsere Wahrnehmung darüber behindert, was wirklich Lebenszufriedenheit und Erfüllung bringt, und letztlich unser demokratisches System zum Scheitern bringt, weil das Vertrauen in die staatlichen Institutionen mehr und mehr schwindet.

Dabei sind es nicht nur die Politiker und Ökonomen, die ihr Denken verändern müssen, sondern wir alle: Wenn man materiell abgesichert ist, ist die Anhäufung weiterer Reichtümer nämlich ein zweischneidiges

Schwert. Denn die Suche nach neuen materiellen Dingen geht stets auf Kosten anderer Quellen von Wohlstand. Je wichtiger uns materielle Dinge sind, desto mehr Aspekte unseres Lebens lassen wir von Marktkräften steuern und desto weniger sind wir dazu in der Lage, an den nichtmateriellen Quellen von Wohlstand teilzuhaben, insbesondere jenen, die mit Barmherzigkeit und Fürsorge zu tun haben. Denn wir sind psychologisch nicht dazu in der Lage, gleichzeitig konkurrierend und fürsorglich zu sein.

Eine Immer-Mehr-Strategie zu verfolgen, bringt also hinsichtlich unseres Wohlstands nicht viel, besonders wenn man schon materiell wohlhabend ist. Wir müssen uns entscheiden: Je mehr wir uns auf materielle Dinge fokussieren, desto weniger Gelegenheiten bleiben uns, Verbindungen zu anderen einzugehen und zu geben. Je mehr wir uns darauf konzentrieren, uns vor externen Bedrohungen zu schützen, desto weniger Spielraum haben wir, uns anderen gegenüber zu öffnen und ihnen zu vertrauen.

Ob Pandemien oder der Klimawandel, Finanzkrisen, Terrorismus oder Verteilungskämpfe: Keine Gesellschaft, kein Land der Welt kann diese Herausforderungen auf eigene Faust bewältigen. Dazu brauchen wir Kooperation über nationale und kulturelle Grenzen hinweg. Nur dann kann wirklich nachhaltiger Wohlstand entstehen. Und nur wenn wir es schaffen, nachhaltigen Wohlstand zu schaffen, der alle Facetten des menschlichen Daseins berücksichtigt, kann auch das politische System dahinter – unsere Demokratie – nachhaltig Bestand haben.

Demokratie unter der Last der Gedächtnisblockaden

Von der Unwucht ostdeutscher Geschichtsversöhnung

Von Ines Geipel

Die Traumata deutscher Geschichte bestehen auf ihren Eigenleben und auf einer anderen Zeit. Sie sind entzündliche Marker im gesellschaftlichen Gedächtnis, die sich in einer andauernden Gegenwart ansiedeln. Trauma-Erinnerungen entziehen sich der Erzählung. Sie kennen kein »Es war einmal«. Sie sind da, sie sind immer, sie sind viele Male. Sie gehen eigene Routen, sie wiederholen sich, spalten sich ab und werden nicht selten zur Lunte. Denn sie verweisen auf eine andere Wirklichkeit.

Was ist wichtig als Gesellschaft zu erinnern? Welche Fakten? Welches Wissen? Welche Referenzsysteme? Welche Wunden und Brüche gehören benannt? Welche Geschichte sollten wir in uns gesichert haben?

Die jüngste deutsche Geschichte kennt beides, zweigeteilt: frivole Lüftung im Westen, hartnäckige Verdrängung im Osten. In Westdeutschland wurde der Holocaust nach langem Schweigen zum zentralen Identitätsbezug. Schritt für Schritt war es der alten Bundesrepublik gelungen, sich aus der Normalität einer Tätergesellschaft zu einer kollektiven Politik des Erinnerns durchzudebattieren. So zäh dieser Weg auch war, gab er zusehends Identität, Kern, politische Kontur. Am Ende hatte sich fast synchron zum Mauerfall ein kompliziertes, sehr ausdifferenziertes Konstrukt zwischen seriöser Erinnerungsarbeit, Routine, gewollter Verstörung und Moralistik geformt, das Karl-Heinz Bohrer »die zweite Haut des bundesrepublikanischen Bewusstseins« nannte.

Nach Kriegsende wurde Deutschland halbiert, auch um das nicht Integrierbare auf die andere Seite auszulagern. Was aber sollte aus dem Land werden, wenn es irgendwann wieder einmal ein ganzes Gedächtnis haben durfte?

Für den Osten jedoch folgte dem Trauma bis 1989 nach der glücklichen Revolution ein Kampf innerhalb des Traumas. Das Land war geeint, aber das Eruptive gehörte den Ostdeutschen, wo inmitten einer komplett deregulierten Welt mehr als 50 Jahre Diktatur bewältigt werden mussten. Eine Wucht, die vielen Ostdeutschen anfangs nur ein haptisches Verhältnis zur Geschichte möglich machte. Sie standen einem unsortierten, nie besprochenen und mehrfach verstellten Geschichtsklumpen gegenüber, in dem sie herumsuchten, den sie seismografisch erspürten, der aber zwangsläufig zu Verdrängungen führen musste.

Spuren gespaltener Vergangenheit

Das extreme 20. Jahrhundert hat sich mit seiner Last, seinen Schulddynamiken und Unerlöstheiten manifest im Unterbewussten des Landes eingeschrieben. Die im vergangenen Jahr erschienene Leipziger Autoritarismusstudie Autoritäre Dynamiken. Alte Ressentiments – neue Radikalität, eine Datenerhebung von 2500 Personen im Zeitraum vom

2. Mai 2020 bis zum 19. Juni 2020, spiegelt diese Auswirkungen.[1] Sicher, Studie ist Studie. Dennoch stellt sie etwas scharf, denn sie befragte insbesondere die autoritären und extremen Pole unserer Gesellschaft und damit etwas, was es einmal mehr zu analysieren gilt, wenn wir die Doppelhelix deutscher Gedächtnispolitik in den Blick bekommen wollen.

Die Studie bestätigt denn auch das »dauerhaft hohe Niveau antidemokratischer Einstellungen in der deutschen Bevölkerung«. Gleichzeitig stellen die Herausgeber Oliver Decker und Elmar Brähler »aber auch einen Wandel der antidemokratischen Motive fest«. Die Ressentiments würden dieselben bleiben, suchten sich aber immer neue Ausdrucksformen. Für die Forscher sind das aktuell: »Antisemitismus findet einen neuen Ausdruck in neueren Verschwörungsmythen, der Antifeminismus wird zu einer weiteren Brückenideologie antimoderner Bewegungen, und viele Menschen sind aktuell für Muslimfeindschaft und Antiziganismus empfänglich.« Weiter heißt es: »Jenseits ihrer psychischen Funktion haben Antisemitismus, Antifeminismus, Verschwörungsmentalität und Muslimfeindschaft eine zentrale politische Funktion übernommen … Entlang von Ressentiments beginnen sich die antimodernen Milieus untereinander zu erkennen; über Schichtgrenzen hinweg können sie sich hiermit ihr geteiltes Ressentiment gegen die moderne und liberale Gesellschaft mitteilen.«

Die Leipziger Forscher haben mit Blick auf die Unterschiede zwischen Ost und West insbesondere Erhebungen zu rechtsextremen Positionen gemacht: »Die Unterschiede zwischen Ost und West sind durchgängig signifikant. Während in den alten Bundesländern ein langsamer Rückgang an rechtsextremen Einstellungen feststellbar ist, unterliegen die neuen Bundesländer einer völlig anderen Dynamik. Die Idee einer rechtsautoritären Diktatur findet im Jahr 2020 im Osten wieder fast so viel Befürwortung wie 2002.« Der Unterschied ist mit 1,8 Prozent (West) zu 8,8 Prozent (Ost) überaus signifikant, der Ruf

Ines Geipel

nach autoritärer Staatlichkeit im Osten wesentlich lauter. Auch der Chauvinismus ist im Osten abermals angestiegen. Es sind Befunde, die sich auch mit den Zustimmungswerten zur Demokratie decken. Hier gab es zwischen Ost und West im Jahr 2020 eine Differenz von 22 Prozentpunkten.

Das Lebensgefühl vieler junger Ostdeutscher, die nach der Wende geboren wurden, die DDR aber heute zurücksehnen, muss im politischen Raum erst einmal verstanden werden.

Mit Blick auf die jüngeren Generationen, das heißt, die drei Generationen, die mittlerweile keine Diktaturerfahrungen mehr haben, besagen die Zahlen: Die »Befürwortung einer rechtsautoritären Diktatur« bestätigen in Ostdeutschland in der Alterskohorte zwischen 14 und 30 Jahren 15,7 Prozent, in Westdeutschland sind es 2,2 Prozent. Bei der Frage Chauvinismus liegt das Verhältnis in der nämlichen Kohorte in Ostdeutschland bei 18,5 Prozent zu 7,8 Prozent in Westdeutschland, bei der Frage der Ausländerfeindlichkeit in Ostdeutschland bei 27,8 Prozent zu 11,2 Prozent in Westdeutschland.

Das ist ein dramatischer Befund. Er ist neu, aber auch vollkommen plausibel und hat mit transgenerationellen Tatsachen, vor allem aber auch mit dem Gewaltraum der Nachrevolutionszeit im Osten zu tun. Dieses Lebensgefühl vieler junger Ostdeutscher, die nach der Wende geboren wurden, die DDR aber heute zurücksehnen, muss im politischen Raum überhaupt erst einmal verstanden werden. Wegmoderieren und Abwarten können dabei keine hilfreichen Strategien sein.

Von einer Vergangenheit in eine andere?

Die Proben zu Heiner Müllers Hamlet-Inszenierung am Deutschen Theater begannen am 29. August 1989. Die Premiere fand erst am 24. März 1990 statt. Der Grund: eine neue Welt. Was endlos aus den Fugen war, schien sich binnen Kurzem aufzulösen wie Schmierseife und rückte zurück ins Lot. Es waren auch die sieben Monate, in denen die zweite Diktatur der Deutschen verschwand. Das Ausnahmestück über den Ausnahmezustand der Welt traf auf die Ausnahmerealität der Welt. Als liefen Kunst und Leben Hand in Hand durch eine hyperpolitische Spiegelszene.

Wie so spielen? Auf die Frage nach dem Sinn des Ganzen gab Heiner Müller seiner Spielcrew die denkbar knappe Anweisung: »Sagt es einfach!« Seine Sätze auf das, was sich außerhalb des Theaters als die glücklichste Revolution der Deutschen ereignete, fielen nicht weniger eindeutig aus: »Der Schritt, der jetzt getan wird, mehrheitlich, ist der Schritt von einer Knechtschaft in die nächste.«

Dramatikersätze sind Dramatikersätze. Noch dazu wurde im Herbst 1989 so allerlei gesagt, was im Trichter der Geschichte geräuschlos verschwand. Doch der Müller-Epistel war ein erstaunlich langes Leben vergönnt. Bei Lichte besehen kam sie aus ihrer Dauerrenaissance gar nicht mehr heraus. Lag das an ihrer bösen Programmatik, die Revolution und Knechtschaft kurzerhand zusammenfügte? Bei Müller ging es ums Nichtankommen, um Verunmöglichung. Null Bock auf Demokratie, kein zähes Abschütteln der Diktatur, keine Aufarbeitung, kein innerdeutsches Aufbauprogramm.

Nun, 30 Jahre später, lesen sich diese Müller-Sätze wie der Urtext einer groß angelegten Umbaumaßnahme. Städte lassen sich sanieren, Straßen bauen, Renten und Gehälter angleichen.

Aber wie steht es mit der Infrastruktur der Seelen, den alten Denkfolien und neuen Gefühlslandschaften, den deutsch-deutschen Echokammern, den aufgelassenen Geistern der endlos langen Teilung?

Was diese Fragen angeht, sagen die notorisch erscheinenden Einheits-berichte, dass es nach 1989 erstaunlich gut gelaufen sei. Die Deutsche Einheit? Eine einzige Erfolgsgeschichte, bei der der Osten in vielem mittlerweile um Längen besser dasteht als der Westen. Aber wie ist es mit dem anderen – der Infrastruktur der Seelen, den alten Denkfolien und neuen Gefühlslandschaften, den deutsch-deutschen Echokam-mern, den aufgelassenen Geistern der endlos langen Teilung? Wo befin-den wir uns mit alldem? Der Historiker Gerd Koenen hatte die Spaltung Deutschlands am 13. August 1961 als den »Hauptmodus der Vergangen-heitsbewältigung« bezeichnet. Ohne das Zerreißen des Landes wäre das psychische Erbe des Nationalsozialismus nicht zu bewältigen gewesen. Sechzehn Jahre nach Kriegsende wurde Deutschland also endgültig hal-biert, auch, um das nicht Integrierbare damit komplett auf die andere Seite auslagern zu können. Was aber sollte aus dem Land werden, wenn es irgendwann wieder einmal ein ganzes Gedächtnis haben durfte?

Die Berliner Republik begann mit Verdrängung

Zum erhofften Einheitsgedächtnis gehörte mit dem 3. Oktober 1990 eine so rasche wie eingängige Einheitserzählung. Die Spaltung war über-wunden, man gehörte wieder zusammen. Wo war das Problem? Die alten Hoffnungstexte von Helmut Kohl, von Hans-Dietrich Genscher kurz nach der Einheit. Die Freude, der Stolz, die Patina der gediegenen Glücksreden, die von vornherein ausblendeten, was hätte von Anfang an irritieren müssen.

Denn außerhalb der Reden fanden fast gleichzeitig die Pogrome von Hoyerswerda, von Rostock-Lichtenhagen statt. Orte der Gewalt und eine verstörte Öffentlichkeit, die nun zu sehen bekam, was die Mauer blickdicht verdeckt hatte: das Innen und das Außen, der Deutsche und der Fremde, das Gute und das Böse, das System der Größenselbste und die Entschlossenheit zur Zerstörung.

Im neuen Deutschland der Flüchtling-Komplex in seiner ersten Runde. Die Bilder offenbarten, was mit Treibjagd, Archaik, Leere, mit äußerster Brutalität zu tun hatte. Eine Gesellschaft, machten sie klar, konnte auch auseinanderfallen, in Jäger und Gejagte. Das Pogromklima expandierte kurz darauf in den Westen. Saarlouis, Mölln, Solingen. Rassistische Mordanschläge, jetzt auch mit Toten. Die Politik sprach von Staatsnotstand. Im Mai 1993 wurde ein restriktiveres Asylrecht verabschiedet. Es war eines der letzten in Bonn erlassenen Gesetze.

Die neue Berliner Republik und ihr erster Kanzler Gerhard Schröder. Der hatte die Wiedervereinigung noch Ende September 1989 als »reaktionär und hochgradig gefährlich« bezeichnet. Unter seiner Ägide hätte er die Ossis liebend gern nach Polen weitergereicht. Vielleicht könnte man im Nachhinein der Einfachheit halber sagen: Die Einheit kann nicht sein Projekt gewesen sein.

Unter dem rötlichen Kanzler schrumpfte die ostdeutsche Wirtschaft wieder, wurde die politische Bildung harsch zurechtgestutzt, wanderte DDR-Geschichte aus den Universitäten in diverse Sonderinstitute ab, gab es sein »Basta!«, das wohl vor allem auf paternalistische Selbstanerkennung zielte, um der alten Bundesrepublik die Sicherheit zu geben, die sie für den Einigungsprozess so nötig hatte. Die Berliner Republik begann wie die Bonner Republik begonnen hatte: mit Verdrängung. Mit Laisser-faire, mit China versus Trauma und Verunsicherung. Nicht von ungefähr sollte der 3. Oktober unter Schröder aus wirtschaftlichen Gründen gleich wieder abgeschafft, genauer gesagt auf den je ersten Oktobersonntag verlegt werden. Über das Land legte sich ein merkwürdiger Mehltau, eine fast physisch greifbare, betäubende Stille, mit scheinbar untergründigen Symptomen. Dabei war alles da.

In ihrer Binnenlogik funktionierte die DDR weiter: in der politischen Arbeit der Landesparlamente, im öffentlichen Dienst, in den Medien, in der Literatur, im Sport.

Die Schröder-Zeit als die bleierne Zeit des Ostens. Der Diktatur war die Spitze gekappt, aber in ihrer Binnenlogik funktionierte die DDR weiter: in der politischen Arbeit der Landesparlamente, im öffentlichen Dienst, in den Medien, in der Literatur, im Sport. Regional gab es Unterschiede. Die konnten mitunter sogar gravierend sein. So wurden in Sachsen alle Lehrer entlassen, die ausschließlich Staatsbürgerkunde unterrichtet hatten. Dennoch gewannen die Kontinuitäten die Oberhand zurück.

Kein einziges östliches Bundesland trennte sich von mehr als der Hälfte enttarnter Stasi-Zuträger im öffentlichen Dienst. Beim Geheimdienst in den sächsischen Polizeistuben, beim MDR, im Brandenburger Landtag. Einem gut ausgebildeten, so pragmatischen wie belasteten Teil der Ostelite – egal ob in Wirtschaft, öffentlichem Dienst, Politik oder Medien – wurde die Einheit doch recht leicht gemacht. Bis zum 3. Oktober 2000, dem Ende der juristischen DDR-Aufarbeitung, wussten sie zu schweigen, dann strategisch Stellen zu besetzen, an den eigenen Karrieren zu basteln, und konnten sich dabei ganz sicher sein, mit dieser Strategie rechtlich alsbald als unkündbar zu gelten. Sie nutzten die Vorzüge einer Gesellschaft, die sie bis 1989 hartnäckig bekämpft hatten.

Schröders Nullerjahre. Neben Sanierung, Neukonsolidierung und Bauboom waren das laut Statistik für die Postdiktatur im Osten vor allem Jahre drastisch steigender Gewalt, zunehmender Kinderarmut, einer im Vergleich zum Westen dreifach höheren Zahl innerfamiliärer Tötungsdelikte und des um vier Jahre früher liegenden Drogeneinstiegsalters bei Jugendlichen. Ab dem Jahr 2000 mordete sich der Nationalsozialistische Untergrund (NSU) durchs Land.

Die Ostdeutschen mussten inmitten einer komplett deregulierten Welt mehr als 50 Jahre Diktatur bewältigen.

Historische Tiefenlagerungen, vielfaches Unrecht, Zuchthaus, durchherrschtes Leben, irreparable Beschädigungen. Vielleicht könnte es ein Schritt sein, wenn sich Ost und West heute zugestehen könnten, dass man es nicht besser wusste, dass man die Dimensionen nicht im Blick hatte, dass man es sich schlicht einfacher vorgestellt hatte. Einfach war es nie.

Altes und neues Opfernarrativ

Die Opfer des DDR-Unrechts. Ihre Schicksale, ihre Realitäten, ihre Erinnerungen, ihre Erzählungen stoßen noch immer auf immense Widerstände. Ihr Status bleibt kontinuierlich fragil. Wer darf sich als solches bezeichnen? Muss das Opfer nicht eine reine, lineare Erzählung vorweisen? Könnte es nicht genauso gut Täter gewesen sein? Die historische Mainstreamforschung ist dabei seit Jahren auf die Grautöne der DDR fixiert. Grautöne sind nötig. Millionen Menschen haben millionenfache Erfahrungen gemacht. Aber in den Erfahrungen der Opfer hockt das Extrem. Es verweist aufs Grauen, nicht aufs Grau. Bleibt das Extrem unkenntlich, entkernt es das Wesen des Systems.

Die Opfer der Diktatur im Osten. Aber wer ist damit überhaupt gemeint? Ohne Frage sind Zahlen immer schwierig, aber die UOKG, die Union der Opferverbände Kommunistischer Gewaltherrschaft, spricht heute von mehr als drei Millionen. Menschen, die in den Zuchthäusern saßen, in NKWD-Lagern, im sowjetischen Gulag. Die aus dem Westen in den Osten verschleppt, in Moskau erschossen, im Zuge der SED-Zwangsvereinigung als SPDler verfolgt und umgebracht wurden. Hunderttausende, denen in Kinderheimen, Spezialheimen und Jugendwerkhöfen die Kindheit zerstört wurde. Es sind die Mauertoten und an der Grenze Verletzten, die ermordeten Volksaufständler vom 17. Juni 1953, die zahllosen verfemten Künstler und Literaten, die Opfer medizinischen Missbrauchs, die Zwangsgedopten, die Opfer juristischer Willkür, die wegen ihres christlichen Glaubens Verfolgten, die Psychiatrieopfer, die Opfer von Zersetzung oder Überwachung. Dazu die nicht Zählbaren, die in keine Kategorie gehören, deren Pein in keiner Akte steht, die ad hoc Malträtierten, weil eine Gewaltherrschaft es halt möglich machte. Die Liste ist endlos. Wo sind sie?

Das ist wesentlich davon abhängig, wer gerade spricht. Dieter Dombrowski, Vorsitzender der UOKG, sagte Anfang September 2020: »Bei den Feierlichkeiten zu 30 Jahren Deutscher Einheit kommen Hunderttausende Opfer der SED-Diktatur leider nicht vor. Es gibt keine einzige Veranstaltung, die irgendwas mit dem SED-Unrecht zu tun hat.«[2] Die Reaktion kam prompt, vom Ostbeauftragten der Bundesregierung Marco Wanderwitz (CDU): »Wir haben als Koalition da ganz gut geliefert.«[3] Hat man, hat man nicht? Warum die gesellschaftliche Auskehr der endlosen Opfer des DDR-Unrechts Tatsache ist, dürfte auch mit der mehrstöckig bewohnten Opferlandschaft im Osten zu tun haben. Es gibt heillosen Streit. Die Szene ist eine einzige Wunde. »Die Geschichte qualmt noch«, hätte der Schriftsteller Erich Loest wohl dazu gesagt.

Verloren im Feld der Gedächtnisarbeit

Mit 1989 hatte der Westen den Holocaust, seinen zentralen Identitätsbezug, als europäische Tatsache des Grauens, aber auch des Leids gleichsam unbesprochen auf den Osten übertragen. Er wurde zum inneren Kern der Staatsräson des neu vereinten Deutschlands.

Über diese Entscheidungskategorie hat der Westen mit dem Osten nie gesprochen, nicht sprechen wollen, vermutlich auch nicht können. Mit dem Einheitstag war diese sakrosankt und zur nötigen Orientierung auf der Reise hin zur selbstbewussten Nation gemacht worden. Ein Status quo und eine kolossale Überforderung des Ostens. Denn der war im hochnervösen Feld der Gedächtnisarbeit ohne jeden Vorlauf.

Mittels Buchenwald-Doktrin hatte die Staatspartei ihre Schutzbefohlenen per se entlastet und zur reinen Opfergesellschaft, zu einem Mythenstaat der Besseren gemacht. Der Nationalsozialismus galt in der DDR als ausgerottet. In ihr waren die Hauptkriegsverbrecher bestraft und die Restnazis unisono im Westen untergekrochen, die Institutionen entnazifiziert, war das Kapital vergesellschaftet, der Adel enteignet. Im Osten die homogenisierende Entlastungserzählung, im Westen ein zähes, vielfach ermüdendes Ringen hin zur politischen Verantwortung. Abermals galt das Prinzip der Ungleichzeitigkeit, das zwangsläufig in einen immateriellen Existenzialneid münden musste, der nach 1989 womöglich schwerer ins Gewicht fiel als alles Monetäre. Hätte man es anders machen können? Wer hätte es anders machen können?

Die Gewaltmaschine der Ostdiktatur wurde weggeblinzelt im medialen Beliebigkeitssprech und dem ungestillten Bedürfnis der Konsenskultur Ost nach Verdrängung.

In dieses enorme Spannungsfeld schob sich nach 1989 das Opfernarrativ der zweiten Diktatur. Schmerz hat seine eigene Zeit. Die Gewaltmaschine der Ostdiktatur? Wurde in den vergangenen 30 Jahren zusehends aus der Öffentlichkeit hinauskomplimentiert, weggeblinzelt im medialen Beliebigkeitssprech und dem ungestillten Bedürfnis der Konsenskultur Ost nach Verdrängung. Dabei gibt es noch einen weiteren Aspekt, warum es den DDR-Opfern so schwer gemacht wird, aus ihrem historischen Geschlucktsein herauszutreten.

Und der fällt in die dritte Kanzlerschaft nach der Revolution, in die von Angela Merkel. Das Jahr 2015 und noch einmal der große Flüchtlingssommer, noch einmal die Neusortierung der deutsch-deutschen Konfliktlinien. Als lebten wir über Nacht in einem anderen Land. Erzählt ist das zur Genüge: Pegida und die erstarkte AfD, der markante Rechtsruck. Traumatologen wissen, dass nach 25 Jahren in einer Gesellschaft aufbricht, was bis dahin nicht bearbeitet wurde. Man könne fast den Wecker danach stellen, sagen sie.

Doch was trat da eigentlich zutage? Selbst darüber hält der Streit an. Wir haben es hier nicht mit einem fertigen Text zu tun. Wir sind nicht durch. Dekonstruktion, Restauration? Die Demütigungen vor 1989? Die Demütigungen nach 1989? Neu aufgeladen, neu amalgamiert, neu inszeniert wurde mit 2015 insbesondere das Ostidiom: die Besseren, Solidarischeren, Gütigeren. Die alten Politmythen schienen mehr denn je nötig, um die internalisierte Opferexistenz des Ostens zu stabilisieren. Die Realität der Doppeldiktatur? Wurde sukzessive zum weißen, unbeschriebenen Blatt und musste einmal mehr außen vor bleiben. Knüppelhartes Brot für die mehr als drei Millionen, die in 40 Jahren in den Mahlstrom des Systems geraten waren. Eine Art radikaler Beseitigung, vielleicht um Platz zu schaffen für die neuen, glücklicheren Erzählungen?

Was fehlt, ist eine öffentliche Delegitimierung der ostdeutschen Diktatur in der Breite der Gesellschaft.

Was das im Jahr der Corona-Einheit 2020 bedeutet? Das aufgelassene Erbe des Ostens findet keinen Ort, keinen Konsenspunkt. Es bleibt ein schwarzes Loch. Was fehlt, ist noch immer die historische Sortierung. Was fehlt, ist eine öffentliche Delegitimierung der ostdeutschen Diktatur in der Breite der Gesellschaft. Opfer? Täter? Stasi? – Bloß nicht. Uraltkram. Debattenfetische. Uninteressant. Hatten wir alles schon. Ist nicht differenziert genug. Unter dieser Abwehr scheint alles sagbar, alles denkbar, alles verhandelbar, alles möglich. Es herrscht ein nahezu heilloses Tohuwabohu.

Wider die Phalanx der Gedächtnisumbauer

Das Virtuelle, die postfaktischen Zeiten, das gärende Wir, unsere verwaisten Erfahrungen. Ein Geschichtscontainer, der nach 1989 noch dazu mit allerlei Achtlosigkeiten bestückt wurde. Nun ein Amalgam, das sich seit 2015 zu einem denkwürdigen Konstrukt aufbauen konnte, zu einer bequemen Denkblase: da der Osten als Superopfer, dort der – egal wie – ewige Schuldwesten, der allzu umstandslos in seine ausgelatschten Demutslatschen schlüpft. So bleibt für ihn alles beim Alten. In dieser Blase sind die Ostdeutschen zu Abgehängten, Verlierern, zu Bürgern zweiter Klasse geworden. Die Rede ist von Kolonisierung, von Migrationsostdeutschen, von Übernahme. Was in dem Sinne auch schon wieder Schnee von gestern ist.

Denn nun gelte es, sich zu »dekolonisieren«, um das Land zu befreien, »von seiner normativen Westsicht … und seiner unseligen Bemühung, eine lineare Geschichte zu konstruieren«, schreibt Thomas

Oberender, 1966 in Jena geboren und Intendant der Berliner Festspiele, in seinem jüngsten Buch *Empowerment Ost*.[4]

Das Zitat ist nur ein Stellvertreter für die immer breiter werdende Phalanx der gedächtnispolitischen Ostumbauer. Die Bücher häufen sich, die Forschung zieht an, die Medien bedienen, denn es soll alles schön neu tönen. Wollten die Ostdeutschen vor 30 Jahren nicht eine Diktatur loswerden? Endlich Teil der Welt sein, frei und vereint mit den anderen Deutschen? »Bis heute wird im offiziellen, westdeutsch geprägten Sprachgebrauch von der DDR vornehmlich als Unrechtsstaat gesprochen, was bei allen, die dort lebten, Scham induziert und ein Gefühl der Illegitimität ihrer damaligen Lebenswirklichkeit«, führt Oberender aus. Das Polare, das Hüben und Drüben, Ost und West, das große Nein und die Müller-Epistel von der inszenierten Knechtschaft. Im Raum dazwischen das zarte Wort Scham. Es steht da, als sei es eiskalt überrumpelt worden. Wie sich in der Sprache die Verbrechen auflösen wie Brausetabletten.

Die Achtundsechziger des Westens kamen zu ihrer Identität, indem sie die gemordeten europäischen Juden als Opfer anerkannten und ihre Rehabilitierung durchsetzten. Die drei jungen Generationen in Ostdeutschland imaginieren sich ein Land ohne Geschichte, ohne Schuld, ohne Kontinuitäten.

Eine Flucht aus der Geschichte. Eine gedächtnispolitische Wendung, die versucht, den Osten wie ein weißes Blatt aussehen zu lassen. Ein neues Ostbewusstsein? Ja, na klar. Unbedingt sogar. Aber doch bitte nicht über die kategorische Verweigerung seines wüsten Erfahrungsraums und die Abkopplung von seiner langen Diktaturgeschichte.

Die Achtundsechziger des Westens kamen zu ihrer Identität, indem sie die gemordeten europäischen Juden im Sinne einer Gegenidentifizierung zu ihren Eltern als Opfer anerkannten und ihre Rehabilitierung durchsetzten. Die drei jungen Generationen in Ostdeutschland, mittlerweile ohne Diktaturerfahrung sozialisiert, imaginieren sich ein Land ohne Geschichte, ohne Schuld, ohne Kontinuitäten. Das gelobte Land heißt Osten, gemeint ist die DDR. Bei den ostdeutschen Landtagswahlen 2019 waren sie es, die die starken Wahlerfolge der AfD ermöglichten. Studien belegen ihren Populismus und ihre Gewaltaffinität. Dasselbe gibt für die Landtagswahlen in Sachsen-Anhalt im Juni 2021.

Was ist die innere Geschichte dieser drei Generationen? Ist es die Überidentifikation mit ihren Eltern, von der sie sich nicht emanzipieren können? Worüber erzählt das? Was gilt es zu verstehen, was aufzulösen, damit sie sich ohne Schuld fühlen können? Sie haben keine. Wo sind die Bücher über ihre Suche, ihren Schmerz, über das, was in der Nachrevolutionszeit tatsächlich mit ihnen geschehen ist?

Wenn der Anspruch an eine intakte Erinnerungskultur verbindlich sein soll, müssten den Westdeutschen die Gulag-Opfer im Osten längst genauso am Herzen liegen, wie den Ostdeutschen die Geschichte des Holocaust.

Gedächtnis, Erinnerung und Identität gehören zum Generalbass der Berliner Republik. Für diese Beharrlichkeit erfährt Deutschland in aller Welt hohe Wertschätzung. Es ist diese Beharrlichkeit, die zu einem hart abgerungenen, aber zeitgenössischen Markenzeichen Deutschlands geworden ist. Dabei ist es völlig richtig, das geeinte Land an die enormen Anpassungsleistungen der Ostdeutschen zu erinnern, die sie in ihrem Spagat hin zur Freiheit in den vergangenen 30 Jahren vollbracht haben. Wenn der Anspruch an eine intakte Erinnerungskultur jedoch verbindlich sein soll, müssten den Westdeutschen die Gulag-Opfer im

Osten längst genauso am Herzen liegen wie den Ostdeutschen die Geschichte des Holocaust. Da sind wir nicht.

Bewusstseinsbildung im Bann des Alten

Das Mehrheitsbewusstsein der Ostdeutschen verbleibt im Bann des Alten, der ihr die Welt verweigert. Das Mehrheitsbewusstsein der Westdeutschen scheint sich noch immer zurückzusehnen in die Zeiten des guten alten Willy Brandt, in denen man sich vorsichtig, aber beständig in jenen Typ des freundlichen Deutschen umgebaut hat, vor dem die Welt nicht mehr Angst zu haben brauchte. Die Sehnsucht nach Gefühlssicherheiten ist verständlich. Nur leben wir längst in einem anderen Land.

Natürlich ist eine Gesellschaft viel mehr als der Opfer-Täter-Diskurs. Menschen sitzen auch in einer Diktatur auf der Wiese, lieben und trinken ihr Bier. Es gibt Freiräume, die Lust an der Revolte, den Staatsadel oder auch Inselexistenzen. Das gehört erzählt und erforscht wie bei jedem genaueren Blick auf die Diktatur. Aber ohne Klarheit darüber, was einem System im Extrem möglich ist, entsteht ein falsches Endbild, das den so nötigen inneren Konsens des Landes verhindert.

Noch immer stehen wir vor der Unwucht unseres kollektiven Gedächtnisses. Dabei darf es gegenüber dem Holocaust keinerlei Relativierung geben, aber auch keine Kategorisierung der Opfer. Warum sollte es uns nicht gelingen, dass wir ohne Wenn und Aber die Millionen Opfer des Holocaust in Ost und West, aber auch das DDR-Unrecht in unserem Doppelgedächtnis verankern?

Der Beitrag ist eine um Auszüge aus einem Vortrag vor dem Senat der Deutschen Nationalstiftung vom 23. November 2020 erweiterte Fassung des Artikels, den die Autorin unter dem Titel »Die Flucht aus unserer Geschichte« am 28. September 2020 in der *Frankfurter Allgemeine Zeitung* veröffentlichte. Wir danken der *FAZ* für die Genehmigung des Abdrucks.

Anmerkungen

1 Oliver Decker, Elmar Brähler (Hg.): »Autoritäre Dynamiken. Alte Ressentiments – neue Radikalität«. Gießen 2020. https://www.boell.de/de/leipziger-autoritarismus-studie

2 Markus Decker: »SED-Opfer klagen: Wir kommen bei Einheitsfeiern nicht vor«. RND 02.09.2020. https://www.rnd.de/politik/30-jahre-deutsche-einheit-sed-opfer-klagen-belange-spielen-bei-den-veranstaltungen-gar-keine-rolle-EDLU6TFJHRF AXG25XPNK6756QI.html

3 Ebd.

4 Thomas Oberender: *Empowerment Ost: Wie wir zusammen wachsen*. Stuttgart 2020.

Wie viel Westen braucht die Demokratie?

Das Schicksal der Community of Democracies als Lehrstück

Von Janusz Reiter

Am 27. Juni 2000 herrschte in Warschau festliche Stimmung. Die damalige US-Außenministerin Madeleine Albright und ihr polnischer Kollege Bronisław Geremek hoben gerade eine neue Institution aus der Taufe – die *Community of Democracies*, die Gemeinschaft der Demokratien. Die alte Demokratie USA und die junge Demokratie Polen sandten eine gemeinsame Botschaft aus: Die Zukunft der Welt liegt in der Demokratie. 106 Staaten unterzeichneten die Gründungsakte der neuen Organisation. West und Ost, Nord und Süd waren darin vertreten, ein Siegeszug der demokratischen Idee, so schien es, zumindest auf den ersten Blick.

Hoffnungsvolle Anfänge

Doch es blieb nicht lange so. Frankreichs Außenminister Hubert Védrine verweigerte seine Unterschrift, auch andere westeuropäische Regierungen, wenngleich nicht alle, nahmen eine reservierte Haltung ein. Hatten sie eine bessere Nase für die internationale Entwicklung als ihre neuen Partner in Osteuropa, waren sie realistischer als diese und zu Recht skeptischer gegenüber der amerikanischen Politik? Védrine erklärte seinen Schritt damit, das Warschauer Dokument könnte als ein Aufruf missverstanden werden, in anderen Ländern zu intervenieren, um dort für demokratische Verhältnisse zu sorgen. Was er nicht sagen musste, war dennoch offensichtlich: Das ganze Unterfangen war zu sehr von Amerika dominiert. Darin stimmten viele in Westeuropa mit ihm überein.

Für die Völker, die im Machtbereich der Sowjetunion hatten leben müssen, öffnete die Demokratie die Tür zum westlichen Sicherheitssystem, zum Nordatlantischen Bündnis und zur Europäischen Union.

»In einem oder in zwei Jahrzehnten« – so Madeleine Albright damals in Warschau – »wird man uns in Erinnerung halten entweder als die Generation, die einen Rückgang des demokratischen Momentums zuließ oder als die Staatenlenker, deren gemeinsame Anstrengung Millionen von Menschen half, das Versprechen der Demokratie in Anspruch zu nehmen«.[1] Für die aus der Tschechoslowakei stammende Politikerin wie für ihre polnischen Gastgeber stand fest, dass das Versprechen der Demokratie überall gilt und jede neue Demokratie die ganze Welt besser und sicherer macht. Die liberale Demokratie westlicher Prägung war für beide nicht nur die beste von allen bekannten innerstaatlichen Ordnungen. Für die Völker, die bis vor Kurzem im Machtbereich der Sowjetunion hatten leben müssen, war sie auch außenpolitisch begründet. Denn sie öffnete ihnen die Tür zum westlichen Sicherheitssystem, dessen institutioneller Ausdruck das Nordatlantische Bündnis und die Europäische Union sind. Ohne liberale Demokratie konnten sich Länder wie Polen nicht sicher fühlen. Und ihr Bekenntnis zur Demokratieförderung war gedacht als die Bestätigung ihrer demokratischen Reife, aber auch als ein Beitrag zur globalen Sicherheit, an der sie selbst teilhaben würden.

Der Westen, dem die ostmitteleuropäischen Staaten sich enthusiastisch anschlossen, erlebte gerade seine Blütezeit. Er hatte den Kalten Krieg gewonnen, seine wirtschaftliche Überlegenheit demonstriert und die Attraktivität seines demokratischen Modells unter Beweis gestellt.

Das ergab guten strategischen Sinn. Das Versprechen von Freiheit, Sicherheit und Wohlstand hatte eine magische Wirkung. Insbesondere für Polen bedeutete die Mitgliedschaft in der NATO und in der Europäischen Union das Ende seiner historischen »Zwischenlage«, der prekären Existenz zwischen den beiden größeren Nachbarn, Deutschland und Russland. Die Bundesrepublik verstand und unterstützte dieses Streben nach fester Verankerung, nicht zuletzt aus eigenem Interesse. Wie an seinen anderen Grenzen wollte Deutschland auch an seiner östlichen Grenze einen »westlichen« Nachbarn haben. Zudem sollte die Osterweiterung Deutschland vor einer Wiederkehr alter politischer Versuchungen zu einer Sonderbeziehung mit Russland bewahren.

Der Doppelmagnet – Westen plus Demokratie – schwächelt

Die Osterweiterung von NATO und EU war in der Tat ein großer strategischer Erfolg. Und doch wurden dabei auch Fehler gemacht. Die Beitrittskandidaten wussten, dass sie vom alten Westen Europas weitgehend als rückständig und in nationalistischen Denkkategorien gefangen beargwöhnt wurden. Um diesem Verdacht entgegenzutreten, versicherten die liberalen Eliten sich selbst und ihren westeuropäischen

Partnern, ihre Völker wollten nichts lieber als eine Normalität, wie sie im Westen existiert. Kurz nach der EU-Erweiterung 2004 warnte der Autor dieses Textes: Nach der Öffnung der Grenzen kommt die Grenze der Öffnung. Sie kam schneller als erwartet.

Integration schmeckte nun nach Imitation, wie der bulgarische Autor Ivan Krastev notierte. »Toleranz und Demokratie«, schreibt der portugiesische Politikwissenschaftler Bruno Maçães, »sagen niemandem, wie man zu leben hat. Sie schaffen nur Verfahren, anhand derer man über diese Fragen entscheidet«.[2] Für viele Menschen in den neuen Mitgliedsländern sah es so aus, als versuchte der Westen, ihnen vorzuschreiben, wie sie zu leben hätten. Der Vorwurf, demagogisch, aber emotional wirkungsvoll, wurde von den liberalen Eliten nicht ernst genug genommen. Er wurde zu einem politisch attraktiven Deutungsmuster, mit dem man Stimmung machen und Stimmen gewinnen kann.

Er treibt sein Unwesen bis heute. Die feierlich verkündete »Europäisierung« der osteuropäischen Länder wurde nie definiert oder mit den Skeptikern offen debattiert. Für einen Teil der Bevölkerung war sie selbstverständlich, dem anderen blieb sie fremd. In vielen Ländern Ostmitteleuropas verloren die proeuropäischen Kräfte die Deutungshoheit. Heute wird der Versuch, sie zurückzugewinnen, dadurch erschwert, dass es die Union auch in vielen anderen Staaten mit Skeptikern und Gegnern zu tun bekommen hat.

In der Darstellung der EU fehlte der Hinweis, dass es in ihr auch nationale Interessen, nationale Egoismen und einen Wettbewerb zwischen Mitgliedsländern gibt. Und dass die Großen der Union manchmal dazu neigen, sich selbst mehr als anderen zu erlauben.

Einen anderen Nährboden für Entfremdung bot das Verhältnis zwischen dem Nationalen und dem Europäischen. Zu Recht wurde die Europäische Union von ihren Anhängern als Solidargemeinschaft dargestellt. Was in dem Bild jedoch fehlte, war ein Hinweis darauf, dass es in ihr auch nationale Interessen, ja nationale Egoismen und einen Wettbewerb zwischen Mitgliedsländern gibt. Und man hätte sicherheitshalber auch erwähnen sollen, dass die Großen der Union manchmal dazu neigen, sich selbst mehr als anderen zu erlauben. Diese enttäuschenden Erfahrungen mit einer zwar unvollkommenen, aber durch ihre Kompromissfähigkeit und Rechtstaatlichkeit doch friedlichen Gemeinschaft wurden von Skeptikern und Nationalisten in ein wirkungsvolles politisches Instrument umgemünzt, mit dem sich alte nationale Traumata und Komplexe wachrufen ließen. Der Mythos von einem Diktat der großen Nationalstaaten verfehlte nicht seine Wirkung in Ländern, in denen eine lange Tradition des Misstrauens gegen fremde Mächte fortlebt.

Osteuropa in Bushs Irakkrieg

Im Gründungsjahr der *Community of Democracies* schien die Welt noch in Ordnung. Im Herbst 2001, knapp 18 Monate später, bot sie schon ein anderes Bild. Die Terroranschläge vom 11. September bereiteten dem Zukunftsoptimismus nach dem Ende des Kalten Krieges ein jähes Ende. Sie einten die westliche Welt in der Empörung über die Gewaltakte, spalteten sie aber bald in der Frage, was die angemessene Antwort darauf sei. Während der Afghanistankrieg noch im Zeichen der politischen Einheit des Westens stand, bevor er 2021 in einer gemeinsamen Katerstimmung endete, war die Intervention im Irak vom Anfang an ein politisch kontroverses Unterfangen.

Der Krieg, der im März 2003 begann, brachte eine ungewöhnliche Allianz hervor. In Washington fand er, bis auf eine kleine Minderheit, breite Unterstützung im politischen Establishment. Und es waren dort, anders als die üblichen westeuropäischen Amerikakritiker es darstellten, mehrheitlich keine Kriegstreiber und Ölmagnaten, sondern neokonservative und liberale Interventionisten, die hier eine ebenso idealistische wie realitätsferne Vision von einer demokratischen Chance für den Nahen Osten verfolgten.

Der »war on terror« war die Antwort einer gedemütigten Weltmacht, die einen Augenblick ihrer Hilflosigkeit hatte erleben müssen. Anders als im Irakkrieg davor, den sein Vater George Bush 1991 an der Spitze einer internationalen Allianz als Reaktion auf den irakischen Einmarsch in Kuwait in wenigen Wochen zu einem bescheiden definierten Ende führte, hatte George W. Bush höhere Ziele. Er wollte den irakischen Diktator nicht bestrafen, sondern eliminieren. Mehr noch, er wollte, vom Irak ausgehend, den ganzen Nahen Osten wie durch ein kontrolliertes Erdbeben von Grund auf verändern und zu einer stabilen prowestlichen Region machen.

George W. Bush: »Das Überleben der Freiheit in unserem Land hängt immer mehr vom Gelingen der Freiheit in anderen Ländern ab. Die beste Hoffnung für Frieden in unserer Welt ist die Ausdehnung der Freiheit in der ganzen Welt.«

Der neokonservative Stratege und ehemalige Nahostexperte im Weißen Haus, Elliott Abrams, schildert eindrucksvoll das damals in Washington vorherrschende, von ihm selbst leidenschaftlich mitgetragene Denken. George W. Bush habe die Theorie von der geografisch und historisch begründeten Demokratieunfähigkeit der arabischen Welt kategorisch abgelehnt. Der Hass in der Region auf Amerika und den Westen, der in den 9/11-Anschlägen seinen Höhepunkt fand, sei vielmehr dem »Freiheitsdefizit« geschuldet. Das Übel sei ein diktatorisches »Erbe von Folter, Unterdrückung, Elend und Verfall«. Wie Bush damals erklärte: »Das Überleben der Freiheit in unserem Land hängt immer mehr vom Gelingen der Freiheit in anderen Ländern ab. Die beste Hoffnung für Frieden in unserer Welt ist die Ausdehnung der Freiheit in der ganzen Welt«.[3]

Abrams zitiert eine 2003 erschiene Terrorismusstudie, die von Alan Krueger von der Princeton University und Jitka Malečková von der Prager Karls-Universität verfasst wurde. Beide interpretierten Bushs Krieg als Ausdruck seiner Vision einer Gesellschaft, die geprägt ist von Rechtsstaatlichkeit, freier Marktwirtschaft, Religions-, Pressefreiheit und Gleichberechtigung der Geschlechter.[4]

Die Mitwirkung der tschechischen Historikerin an der Studie weist auf die Rolle der ostmitteleuropäischen Länder im amerikanischen Irakkrieg hin. Warum schlossen sie sich, anders als Deutschland, Frankreich und andere westeuropäische Staaten, der Intervention von Bush an? Die von vielen in Westeuropa kritisierte Amerikahörigkeit der neuen NATO-Mitglieder reicht zur Erklärung nicht aus. Gewiss war ihre Entscheidung auch ein Zeichen der Dankbarkeit für den amerikanischen Beitrag zur NATO-Erweiterung. Man verweigert nicht den Beistand einem Freund, dessen Unterstützung man selbst immer wieder braucht.

Das Motiv spielte eine Rolle, aber nicht die einzige. Die Völker in Ostmitteleuropa erinnerten sich allzu gut an die Zeit, als die westlichen »Realpolitiker« im ausklingenden Kalten Krieg ihre Freiheits- und Demokratiebestrebungen als Bedrohung einer stabilen europäischen Ordnung ansahen. Bushs Weigerung, sich mit Diktatoren im Namen der Stabilität zu arrangieren, weckte Erinnerungen an vergangene, aber nicht vergessene Zeiten. Die herablassende Bemerkung des damaligen französischen Präsidenten Jacques Chirac, die Länder Ostmitteleuropas hätten beim Streit um den Irakkrieg »den Mund zu halten«, passte bestens in dieses Wahrnehmungsschema. Die Theorie von der »Demokratieunfähigkeit« des Nahen Ostens war zu arrogant für Länder, die sich noch vor Kurzem bemühen mussten, ihre eigene Demokratiefähigkeit unter Beweis zu stellen. Sie stellten nicht nur im Irak Truppen zur Verfügung, manche versuchten auch, in fernen Staaten wie Kuba demokratische Kräfte zu stärken. Mit dem Rückenwind des demokratischen Idealismus wollten sie ihren Platz in der Weltpolitik finden.

Der Irakkrieg wurde für alle Beteiligten zu einem Desaster: militärisch, politisch und nicht zuletzt moralisch. Die von Washington verbreitete Behauptung von den Massenvernichtungswaffen im Irak, die den Krieg legitimieren sollte, stellte sich als Täuschung heraus. Getäuscht wurden neben der amerikanischen Öffentlichkeit auch die Verbündeten. Skeptiker warnten von Anfang an, dem Krieg fehle die völkerrechtliche Legitimation. Befürworter der Kriegsbeteiligung stellten die Gegenfrage, ob der UN-Sicherheitsrat mit den Vetomächten Russland und China eine zuverlässigere moralische Instanz sei. Schließlich vertrete ja Amerika eine gute Sache und habe deshalb Anspruch auf mehr Handlungsspielraum. Das geheime CIA-Gefängnis in Polen verstieß klar gegen das Völkerrecht. Die damals Verantwortlichen in der polnischen Regierung behaupteten, davon nichts gewusst zu haben. Im Übrigen sei Weltpolitik eben keine einfache Sache, so dachten viele in Warschau, und saubere Hände könnten nur diejenigen haben, die nie etwas täten. Außerdem seien die Kritiker ja bekannt als Gegner Amerikas. Das war nicht völlig falsch, konnte aber keine Antwort auf die Frage nach der moralischen Grundlage des eigenen Handelns sein.

Verliert Amerika seine Glaubwürdigkeit, gerät das ganze Konzept des politischen Westens ins Wanken.

War der Irakkrieg für Polen und die anderen ostmitteleuropäischen Verbündeten Amerikas eine Lektion in Sachen Realismus? Gewiss war er eine ernüchternde Erfahrung, die das Denken vieler nachhaltig prägte. Manche gingen aber vom Idealismus gleich zum Zynismus über. Die Folgen wurden erst später sichtbar und bleiben es bis heute. Vor allem aber fand eine gründliche Auseinandersetzung mit der Erfahrung des Irakkriegs nie statt. Haben sich die bis vor Kurzem Machtlosen von der Faszination der Macht blenden lassen? Oder hatten sie nur Pech, dass der Krieg, an dem sie so willig mitwirkten, kläglich scheiterte? Haben sie mit guten Gründen Falsches getan? Was darf der Westen als normative Gemeinschaft in einer Welt, deren Währung Macht ist? Warum haben wir Amerika, der Führungsmacht des Westens, das Privileg eingeräumt, sich über Rechtsnormen und anerkannte Werte hinwegzusetzen? Sicherlich, die USA sind die einzige Weltmacht, der es meistens gelingt, Macht und Werte in einer Balance zu halten. Aber eben nur meistens. Verliert Amerika seine Glaubwürdigkeit, gerät das ganze Konzept des politischen Westens ins Wanken.

Stabilität statt Demokratie?

Als die *Community of Democracies* ihren zehnten Jahrestag feierte, war die auf das Kriegsende folgende Besetzung des Iraks zwar noch nicht beendet, wurde aber nur noch mit dem Ziel fortgesetzt, die Konsequenzen des gescheiterten Kriegs zu begrenzen. Es galt, so viel Stabilität wie möglich zu schaffen, um den Terrorismus einzudämmen. An Demokratie im Irak dachte niemand mehr.

Zu den Feierlichkeiten anlässlich des Jahrestags kam Madeleine Albrights Nachfolgerin Hillary Clinton, auch sie eine ernüchterte, enttäuschte einstige Befürworterin des Irakkriegs. Mit der Mitbegründerin der Community verband sie eine persönliche Freundschaft. Clinton distanzierte sich nicht von ihrer Vorgängerin und Mentorin, sprach aber eine andere Sprache. Von der Aufbruchstimmung des Gründungsjahres 2000 war nicht mehr viel zu erkennen. Nicht die Demokratie, sondern die Stabilität und die Zivilgesellschaft standen nun im Mittelpunkt der amerikanischen Außenpolitik. Später einmal benannte Hillary Clinton als deren wichtigste Instrumente Entwicklungshilfe, Diplomatie und Verteidigung.

Die neue Wortwahl spiegelte einen Politikwechsel wider. Inzwischen regierte der Realist Barack Obama in Washington. Der Nachfolger Bushs zeigte wenig Neigung, eine ehrgeizige außenpolitische Demokratieagenda zu entwickeln. Er wollte nicht die Welt glücklich machen, vor allem wenn diese sich das ausdrücklich nicht wünschte. Und auch die NATO-Partner in Ostmitteleuropa verspürten wenig Lust, an der Seite Amerikas für Demokratie in fernen Regionen zu kämpfen.

Testfall Ukraine und Einwanderung

In Warschau standen die Zeichen inzwischen auf Realismus, auch wenn das niemand so definierte. Polen war seit 2004 inzwischen angesehenes Mitglied der Europäischen Union. Nicht nur, dass es eine funktionierende Demokratie und eine prosperierende Marktwirtschaft hatte. Es wollte, ja es musste geradezu wegen seiner geografischen Lage eine ehrgeizige Außenpolitik verfolgen. Demokratisierung und Stabilisierung der östlichen Nachbarschaft lag in seinem nationalen Interesse. Aber Warschau hätte auch gern ein besseres Verhältnis zu Russland gewonnen, um seinen außenpolitischen Handlungsspielraum zu erweitern.

Die wenigsten glaubten dabei, der große Nachbar im Osten werde in absehbarer Zukunft einen demokratischen Weg einschlagen. Diese Hoffnung hatten auch die amerikanischen und europäischen Partner verloren. Ein pragmatisches, sachliches Verhältnis schien trotzdem möglich. Im September 2009 besuchte Wladimir Putin Polen und stellte in einer beachtenswerten Rede seinen Gastgebern einen polnisch-russischen Ausgleich in Aussicht. Was er nicht explizit sagte, aber indirekt signalisierte: Polen sollte seiner östlichen Nachbarschaft, vor allem der Ukraine, gegenüber eine möglichst neutrale Haltung einnehmen.

Konnte, sollte Polen die Ukraine abschreiben, sie Russland überlassen, um sich mit Moskau zu arrangieren? Das wäre weder politisch noch moralisch vertretbar gewesen. Allerdings konnte man den Streit um die Stellung der Ukraine in Europa als einen dieser historischen Konflikte betrachten, die erst langfristig entschieden würden. In diesem Fall könnten Polen und Russland fürs Erste bei ihren gegensätzlichen Positionen bleiben und gleichzeitig in vielen Bereichen sachlich zusammenarbeiten.

Doch stimmte diese Analyse nur für kurze Zeit. Schon bald, 2013 und 2014, spitzte sich die Lage in der Ukraine dramatisch zu. Der prorussische Präsident Janukowitsch weigerte sich, das lange erwartete Assoziierungsabkommen mit der EU zu unterzeichnen, und löste einen massiven Protest im Land aus, den auch das brutale Vorgehen ihm treuer Sicherheitskräfte nicht niederschlagen konnte. Janukowitsch floh nach Russland. Der polnische Außenminister Sikorski und sein deutscher Kollege Steinmeier vermittelten, unterstützt vom französischen Amtskollegen Fabius, erfolgreich, um noch mehr Blutvergießen zu verhindern. In Kiew übernahmen demokratische Kräfte die Macht. Wenig später reagierte Russland mit der Annexion der Krim und der *De-facto*-Besetzung des Donbass. Die Chance für einen Ausgleich zwischen Polen und Russland wurde begraben. Und Warschau erlebte noch eine weitere Enttäuschung: Polens gemeinsam mit Deutschland und Frankreich ausgeübte Vermittlerrolle kam zu einem abrupten Ende. Im sogenannten Normandie-Format, in dem Deutschland, Frankreich, die Ukraine und Russland von nun an verhandelten, war Polen nicht mehr vertreten. Außenminister Sikorski und Regierungschef Tusk konnten ihre Enttäuschung kaum verbergen.

Erwiesen sich ihre außenpolitischen Ambitionen als Selbstüberschätzung oder gar als illusionär? Nicht unbedingt. Polen hatte »punching above its weight« versucht, sich jenseits seiner politischen Gewichtsklasse eingemischt. Wer das versucht, muss mit Rückschlägen rechnen, bevor er einen neuen Anlauf unternimmt. Die oppositionelle Partei Recht und Gerechtigkeit (PiS) reagierte mit unverhohlener Schadenfreude. Die polnischen Nationalkonservativen sahen sich durch das Scheitern des polnischen Vermittlungsversuchs in der Ukraine in ihrer Weltsicht bestätigt: Die Großen Europas, Deutschland und Frankreich voran, setzten eben wie immer ihre Interessen ohne Rücksicht auf schwächere Partner durch.

Was in Deutschland als ein Beispiel moralisch geprägter, selbstloser Politik gefeiert wurde, kam in Polen und Ungarn, aber auch in vielen anderen europäischen Ländern, als deutscher Alleingang an.

Im polnischen Wahljahr 2015 bekamen sie durch die Flüchtlingskrise ein noch mächtigeres Argument in die Hand: Deutschland hatte seine Grenzen für Hunderttausende Flüchtlinge geöffnet, ohne seine europäischen Nachbarn zu konsultieren. Ein Akt der Humanität, ein Sieg der Moral? Nein, sagten nationalkonservative Politiker; sondern ein Zeichen moralischer Überheblichkeit, deren Folgen ganz Europa nun ausbaden müsse. Was in Deutschland als ein Beispiel moralisch geprägter, selbstloser Politik gefeiert wurde, kam in Polen und Ungarn, aber auch in vielen anderen europäischen Ländern, als deutscher Alleingang an und das nicht nur bei den EU-Skeptikern.

Demokratieförderung passé?

Der 20. Jahrestag der Gründung der *Community of Democracies* fiel in das Corona-Jahr 2020. Der US-Außenminister Pompeo konnte sich und der Öffentlichkeit die Peinlichkeit einer Würdigung sparen. Sein Stellvertreter Biegun gab eine Erklärung ab, die den Eindruck verhindern sollte, die USA hätten der Demokratieförderung den Rücken gekehrt. Aber genau das entsprach der Wahrheit, wie alle, auch die polnische Regierung, sehr wohl wussten. Weder sie noch ihre politischen Freunde in Washington dachten auch nur daran, die Welt durch Demokratisierung besser und sicherer zu machen. Trumps zynisches Weltbild fand erstaunlich viel Zustimmung ausgerechnet in einigen von den Ländern, die noch in der Umbruchzeit 1989/90 den Triumph des politischen Idealismus gefeiert hatten.

Trump war wie ein Geschenk des Himmels. Er setzte auf Polen als Gegengewicht zu Deutschland. Und wie Ungarn, Polen und auch andere Länder der Region, sah Trump die Welt als Schlachtfeld, auf dem das Recht des Stärkeren gilt.

In Ungarn und in Polen wurde Trump von den Regierenden wie ein Bruder im Geiste, zugleich als eine Art außenpolitische Versicherungspolice aufgenommen. Von pragmatischer Distanz war keine Rede, Trump war wie ein Geschenk des Himmels. Erstens konnte Warschau sich aufgewertet fühlen: Der amerikanische Präsident setzte auf Polen als Gegengewicht zu Deutschland. Zweitens teilten die Nationalkonservativen in Ungarn und Polen sein Weltbild und sein Politikverständnis. Auch Trump sah die Welt als Schlachtfeld, auf dem das Recht des Stärkeren gilt. Feste Normen und Bindungen waren für ihn nur ein heimtückischer Trick der liberalen Mächte, um die Mitspieler über ihre

Janusz Reiter   177

wirklichen Absichten zu täuschen. Drittens folgten sie nicht ihm, er war es, der ihnen folgte, freilich ohne es zu wissen. Sie waren ja schon an der Macht gewesen, als Trump in den USA die Wahlen 2016 gewann. Sie waren also auf der richtigen Seite der Geschichte.

Nur wenige Monate nach dem 20. Jahrestag der *Community of Democracies* ging die Trump-Episode zu Ende. Ob für immer oder nur vorläufig, weiß niemand. Der neue Präsident Joe Biden glaubt, anders als sein Vorgänger, an die Demokratie und ihre Strahlkraft in der Welt. Will er sie offensiv verbreiten oder nur bewahren, wo sie etabliert ist? Wird dies Teil seiner Außenpolitik werden oder muss er sich darauf beschränken, die amerikanische Demokratie zu festigen? Eine strikte Trennung ist wohl unmöglich. Immerhin war eine seiner ersten außenpolitischen Initiativen ein Gipfeltreffen der führenden Demokratien. Es soll im Dezember 2021 stattfinden. Wäre die in Warschau ansässige *Community of Democracies* nicht die perfekte Plattform für das geplante Treffen? Davon sind in Washington offensichtlich nicht alle überzeugt. Und ihre Zweifel haben auch einiges mit dem Land zu tun, in dem die Organisation 2000 ihren Anfang nahm. Damals verkörperte der Mitinitiator Polen den Erfolg demokratischer Transformation, mit Begeisterung hatte sich das Land der amerikanischen Demokratieförderung angeschlossen. Heute wird Polen in Washington eher als Teil des Problems denn als Teil der Lösung gesehen.

Noch hat die Biden-Regierung wenig Konkretes über ihre Vorstellungen von dem Demokratie-Gipfeltreffen verraten. Nach dem G7-Treffen in Cornwall im Sommer 2021 gab der Präsident aber einen Vorgeschmack: »Ich glaube, wir stehen in einem Wettbewerb, nicht mit China per se, aber mit den autokratischen Regierungen in der Welt über die Frage, ob Demokratien mit ihnen im 21. Jahrhundert der schnellen Veränderungen erfolgreich konkurrieren können. Und ich glaube, wie wir jetzt handeln und ob wir als Demokratien zusammenrücken, wird darüber entscheiden, wie unsere Enkelkinder in 15 Jahren über uns urteilen«.[5]

Diese Worte erinnern an die mahnende Warschauer Rede von Madeleine Albright. Auch Biden bewegt die Verantwortung vor künftigen Generationen und die Sorge, eine Chance, die Demokratie zu retten, könnte unumkehrbar verspielt werden. Dennoch werden wir keinen zweiten Anlauf der amerikanischen Demokratieagenda erleben, wie sie in den 1990er-Jahren formuliert wurde. Die Welt hat sich in eine andere Richtung entwickelt, als es sich Madeleine Albright, Bronisław Geremek und viele andere vorstellten, die vor 21 Jahren ihre Hoffnungen auf die *Community of Democracies* setzten. Die amerikanische Regierung muss sich um die Demokratie im eigenen Land Sorgen machen. Die polnische Regierung behauptet zwar hartnäckig, um die Demokratie in Polen sei es bestens bestellt. Aber sowohl im Land selbst als auch in anderen westlichen Staaten stößt diese Beteuerung auf erhebliche Zweifel.

Bidens langsamer Fortschritt in der Kampagne »Demokratie gegen Autoritarismus« hat nur wenig mit Polen und der *Community of Democracies* zu tun. Der amerikanische Präsident versucht herauszufinden, welche Verbündeten er für sein Vorhaben gewinnen kann. In Amerika gibt es über deren Inhalt unterschiedliche Vorstellungen. »Democracy protection« scheint mehr Zustimmung zu finden als »democracy promotion«, bewahren geht vor verbreiten. Das dürfte auch in der Europäischen Union auf mehr Verständnis stoßen, wenn es die überhaupt gibt. Die Idee eines Exports von Demokratie erfreute sich hier nie großer Popularität. Auch die EU, obwohl theoretisch noch immer offen für beitrittswillige Länder, will eher konsolidieren als expandieren, für die Beitrittskandidaten keine gute Nachricht.

Die Entscheidung, wen man zu Bidens Vorhaben einladen soll und wen nicht, wird den Initiatoren einiges Kopfzerbrechen bereiten. Ungarn gehöre nicht dazu, meint Yascha Mounk von der Johns Hopkins University, Polen aber sollte dabei sein, denn es sei zu wichtig für die Region.[6] Manche Europäer dürften das kritischer sehen, aber Deutschland wird die »realistische« Sichtweise wahrscheinlich teilen. Berlin versucht, alle Gesprächskanäle zu Warschau offen zu halten, um Polen nicht abdriften zu lassen. Mounk verweist in seinem Aufsatz in *Foreign Affairs* auf besondere Schwierigkeiten mit manchen NATO-Mitgliedern. In der Zeit des Kalten Kriegs seien Griechenland, Portugal und die Türkei zumindest zeitweise autoritäre Staaten gewesen. An ihrer Bündnistreue habe es aber nie Zweifel gegeben. Heute gebe es in der NATO jedoch Länder wie Ungarn oder die Türkei, die mit China und Russland flirteten, ohne sich um die Interessen der Allianz zu kümmern.[7] Polens Entscheidung, Kampfdrohnen in der Türkei zu kaufen, war sicherlich auch ein Signal an Washington: Wir setzen nicht alles auf eine Karte.

Die Sehnsucht nach einer Lockerung fester Bindungen ist ein Phänomen, hinter dem verschiedene Motive stehen. In autoritären Staaten wie China und Russland spiegelt sich diese Sehnsucht in deren Souveränitätskult wider. Souveränität ist für sie eine Machterhaltsgarantie. Einflussnahme von außen, etwa durch Forderungen nach Einhaltung von Menschenrechten, gelten als unzulässige Einmischung in innere Angelegenheiten. Völkerrechtliche Verpflichtungen werden nur zögernd akzeptiert und selektiv umgesetzt. In den demokratischen Vereinigten Staaten hatte die verbreitete Skepsis gegenüber internationalen Verpflichtungen ihre Wurzeln in der Befürchtung, den nötigen Handlungsspielraum für den Umgang mit aggressiven »Schurkenstaaten« oder Terroristen zu verlieren. Wird diese Handlungsfreiheit extensiv genutzt, endet Amerika in einem moralischen und politischen Desaster wie dem Irakkrieg. Donald Trump hat den Souveränitätsbegriff in seiner »America first«-Politik sogar zu einer ideologischen Kampfansage erweitert. Joe Biden führt Amerika wieder in die normenbasierte internationale Ordnung ein. Die Rückkehr zum Pariser Klimaabkommen war symbolisch für diese Wende. Aber gibt es noch die Ordnung, in die er »America is back« ruft? Hat die »westliche Gemeinschaft der Demokratien«, zu deren Führung Amerika sich wieder bekennt, noch einen realen Gehalt?

Die Rivalität mit China als Bindemittel des Westens?

Bidens Idee eines Gipfeltreffens der Demokratien hat in Europa wenig Furore gemacht. Dabei sind sich anders als vor 21 Jahren der westliche und der östliche Teil Europas in der Zurückhaltung weitgehend einig, wenn auch aus unterschiedlichen Gründen. Während viele östliche EU-Mitglieder von dem Treffen Kritik wegen mangelnder Demokratietreue erwarten, lasten ihre westlichen Partner dem ganzen Projekt eine zu starke amerikanische Prägung an. Sie wollen die Weltordnung nicht durch den Demokratie-Autoritarismus-Gegensatz dominiert sehen, sich schon gar nicht unter dem Banner des »Westens« versammeln, weil sie den Begriff mit amerikanischer Führung identifizieren. Diese ertragen sie allerdings gern, sofern sie sich dadurch nicht ungebührlich in ihrem Handlungsspielraum eingeschränkt sehen.

Christoph Heusgen, der ehemalige außen- und sicherheitspolitische Berater von Bundeskanzlerin Merkel, gibt in einem Gespräch mit der *FAZ* freimütig zu, dass er den Begriff des Westens als Relikt des Kalten Krieges ablehnt. Besser sei heute das Denken in den Kategorien des Multilateralismus.[8] In Paris kann er wohl volle Zustimmung dazu erwarten. Das Normative an dem Begriff des »Westens«, das die enge strategische Bindung an die USA und das aktive Eintreten für liberale Demokratie prägte, wird dort wie in Berlin offensichtlich immer mehr als Ballast empfunden. Die gern beschworene »strategische Souveränität« Europas bleibt zwar ein verschwommenes Konzept, das nicht einmal zwischen Berlin und Paris abgestimmt ist. Eins steht aber fest: Die Idee des politischen Westens kommt darin nicht vor. Ob sich diese Denklinie in der deutschen Politik dauerhaft durchsetzt, bleibt allerdings noch offen.

Es ist kein akademischer Streit, um den es hier geht, sondern eine der wichtigsten Fragen der Weltpolitik im 21. Jahrhundert: Wie halten wir es mit den autoritären Mächten, vor allem mit China und Russland? Präsident Biden macht keinen Hehl daraus, dass er seine Allianz der Demokratien als Antwort auf die strategische Herausforderung durch China versteht. Er bezeichnet zwar Russland als die größte Bedrohung für Amerika, sieht aber in China wegen dessen Wirtschaftskraft und aggressiver Neigung das umfassendste Problem für Amerika und die anderen demokratischen Staaten der Welt.

In Deutschland und Frankreich wird seine Analyse von vielen nur mit Vorbehalt geteilt. Über den Charakter des chinesischen Staates machen beide sich zwar keine Illusionen, auch die Gefährdung durch Russland wird nüchtern eingeschätzt. Einen neuen Kalten Krieg mit dem einen oder dem anderen wollen sie jedoch auf keinen Fall. Amerika wird indes der Bereitschaft verdächtigt, ihn aufzunehmen oder gar anzustreben; die bisher vorherrschende Weltmacht wolle ihre Stellung nicht an den aufstrebenden Konkurrenten verlieren. Der Verdacht ist sicherlich nicht abwegig. Aber werden zwei Weltmächte, eine status-quo-orientierte demokratische und eine revisionistisch autoritäre, miteinander so koexistieren können, dass es zwischen ihnen freien Raum für einen Dritten gibt? Daran hat auch mancher in Berlin seine Zweifel.

Viele Experten in Amerika sind überzeugt, dass die innere Ordnung eines Staates sein Verhalten draußen in der Welt prägt. Sie verweisen auf den Zusammenhang zwischen dem repressiven chinesischen Überwachungsstaat und seinem aggressiven Verhalten gegenüber anderen

Ländern. China sei nicht zu einer Status-quo-Politik fähig, sondern dehne seinen Einfluss bewusst aus, um andere abhängig und erpressbar zu machen. Ein Regimewechsel in Peking sei auf absehbare Zeit ausgeschlossen, demokratische Bekehrungsversuche verlorene Liebesmüh. Nur durch festen Zusammenhalt der demokratischen Staaten sei die chinesische Expansion einzudämmen.

Diese Vorstellung stößt in Europa auf Vorbehalte. Hinter dem europäischen, von Berlin tatkräftig betriebenen Konzept einer »Allianz der Multilateralisten« steht die Hoffnung, sich damit aus der amerikanisch-chinesischen Rivalität möglichst heraushalten zu können. Damit könnten die Europäer durch den Austausch mit China zugleich ihre globale Wettbewerbsposition stärken. Zwei Fragen bleiben aber unbeantwortet: Welchen politischen Preis wird China verlangen? Und was tut Europa, wenn der große asiatische Partner, der sich erklärtermaßen wirtschaftlich von der Außenwelt unabhängig machen will, die Kooperation mit Europa beendet oder zumindest erheblich einschränkt?

Europa hat wenig Lust auf weltpolitische Risiken. Anders als der amerikanische ist der europäische Exzeptionalismus nach innen gerichtet. Die Europäische Union will sich als »der beste Platz zum Leben« behaupten, eine durchaus attraktive Formel. Das Modell ist nur bedingt ein Angebot an andere. Europa soll, nach den Worten von Präsident Macron, vor allem seine Bürger und Staaten »schützen«. Auf die Frage nach der Zukunft der östlichen Nachbarn der EU bietet die Formel keine überzeugende Antwort. Das kann nicht Wunder nehmen, wenn man die Stimmung in den Staaten der Union kennt.

Janusz Reiter

Die europäischen Werte verlieren ihre Strahlkraft in vielen Mitgliedsstaaten, nicht nur den östlichen. Europa droht, seinen wichtigsten Trumpf, den Glauben an die eigenen Werte, preiszugeben, ohne dadurch der vielfach beschworenen »Fähigkeit zur Macht« auch nur einen Zentimeter näher zu kommen.

Die Europäer stehen vor einem Dilemma. Solange sie in einer weltpolitischen »splendid isolation« leben konnten, war ihr Bekenntnis zur Wertegemeinschaft des Westens für die Selbstdarstellung in der Welt ausreichend. Das Privileg haben sie verloren. Mit Werten allein ist keine Weltpolitik zu machen, Macht gehört auch dazu. Amerika verdankt seinen Aufstieg auch der Fähigkeit, Macht und Werte in Einklang zu bringen – mehr oder manchmal auch weniger. Europa möchte zwar, glaubt man den vollmundigen Äußerungen aus Brüssel, gern dasselbe Kunststück vollbringen. Der Zeitpunkt dafür könnte jedoch schlechter kaum sein. Denn die europäischen Werte sind dabei, ihre Strahlkraft in vielen Mitgliedsstaaten, nicht nur den östlichen, zu verlieren. Damit droht Europa seinen wichtigsten Trumpf, den Glauben an die eigenen Werte, preiszugeben, ohne dadurch der vielfach beschworenen »Fähigkeit zur Macht« auch nur einen Zentimeter näher zu kommen.

Die vor 21 Jahren in Warschau gegründete *Community of Democracies* setzt allen Widrigkeiten zum Trotz ihre Mission bis heute fort. Dennoch erscheint sie wie aus der Zeit gefallen. Ob sie noch eine zweite Chance bekommt, ist fraglich. Und trotzdem könnten die Europäer Bidens Initiative für ein Gipfeltreffen der Demokratien mit etwas mehr Wohlwollen aufgreifen, statt ihre wohlfeile Skepsis zu demonstrieren. Aus strategischen, nicht aus taktischen Gründen. Denn nicht von Amerika, sondern von seiner eigenen Schwäche muss sich Europa lösen. Die europäische Demokratie wurde mit amerikanischer Unterstützung aufgebaut. Heute haben beide Partner der transatlantischen Gemeinschaft mit der Krise ihrer Demokratien zu tun. Sie ist ein transatlantisches, ja ein westliches Problem. Sie spielt sich ab in einer Welt, in der die machtpolitischen Rivalitäten zunehmen und das relative Gewicht des Westens abnimmt.

Der desaströse Abzug aus Afghanistan mag strategisch unvermeidbar gewesen sein. Ein Streit darüber wird Amerika und seine Verbündeten noch lange beschäftigen. Für die politische Gemeinschaft des Westens war er ein herber Schlag. Nicht nur, dass das Nation-Building-Konzept, gerade auch in Deutschland so populär, noch einmal kläglich scheiterte. Das Vertrauen in die amerikanische Führungsfähigkeit wurde wieder schwer erschüttert. Und die Zweifel an der universellen Gültigkeit der westlichen Werte sind in Europa wie auch in Amerika weiter gewachsen. Werden die liberalen Demokratien jetzt noch mehr in Selbstzweifel verfallen oder sich auf die gemeinsame Abwehr zurückbesinnen? In Deutschland ist zwar das Vertrauen in die USA in Reaktion auf das Afghanistan-Desaster stark zurückgegangen, aber die Spitzenvertreter der etablierten Parteien warnten vor falschen Schlussfolgerungen. Der SPD-Kanzlerkandidat Olaf Scholz hat es prägnant formuliert: »Ohne die USA wird es nicht gehen.«[9]

Bidens Plan des »summit of democracies« wird in Europa auf Skepsis stoßen: eine verständliche, aber trotzdem problematische Reaktion. Amerika ist doppelt angeschlagen, in seiner strategischen und seiner demokratischen Führungsfähigkeit. Die Sorgen sind berechtigt, bei den Schlussfolgerungen ist Vorsicht geboten. Die liberale Demokratie wird, in Europa nicht weniger als in Amerika, von außen unter Druck gesetzt. Der islamistische Extremismus wird in den westlichen Gesellschaften mit Verachtung abgelehnt, kann sie aber in gefährliche Unsicherheit versetzen. Eine neue Migrationskrise wie in 2015 kann sich kein europäisches Land leisten. Und wie terroristische Anschläge eine offene Gesellschaft erschüttern können, weiß man inzwischen ziemlich genau.

Auch Moskau ist sich dessen bewusst. Die jüngste belarussische Aktion zur Einschleusung von Migranten in die EU ist ein neues Warnsignal an Europa. Gelingt es nicht, die von Minsk sicherlich nicht ohne Zustimmung Moskaus organisierte Einschleusung von Flüchtlingen zu stoppen, können die liberalen Kräfte in Ländern wie Ungarn oder Polen ihren Ehrgeiz, an die Macht zurückzukommen, für weitere Jahre vergessen. Die chinesische Herausforderung ist die komplexeste. Keine europäische Partei wird das chinesische Modell ihren Wählern empfehlen. Peking hat keine solchen Ambitionen. Es will »nur« sicherstellen, dass ihm keine Kritik, zum Beispiel in den Medien, und kein Widerspruch droht. China weiß sehr genau, wie wichtig sein Markt für den Erhalt des europäischen Wohlstands und wie wichtig dieser Wohlstand für die europäische Demokratie ist.

Die außenpolitischen Idealisten, vor allem die in Amerika, werden es nach Afghanistan noch schwerer haben. Selbst in Deutschland folgte auf die Willkommenskultur von 2015 der Deal mit Erdoğan. Ähnliche Deals können bald unvermeidlich werden. Hier wird Europa auch seine eigenen Wege gehen müssen. Und doch bleibt eine Frage, die die westliche Welt als Ganzes angeht: Müssen wir Angst haben, wie die autoritären Widersacher es gern sehen möchten, oder ist ein neues Selbstvertrauen möglich?

Aus einem transatlantischen Zwist wird kein europäisches Selbstvertrauen erwachsen.

Thomas Kleine-Brockhoff vom German Marshall Fund hat recht, wenn er schreibt: »Die Welt braucht den Westen.«[10] Dann aber muss man auch sagen können: Der Westen braucht den Westen. Und unsere liberale Demokratie braucht ihn auch.

Anmerkungen

1 Madeleine K. Albright. Rede vor dem World Forum on Democracy. Warschau 26.06.2000 (veröffentlicht vom Büro des Sprechers des US-Außenministeriums). Siehe: https://1997-2001.state.gov/statements/2000/000626a.html

2 Bruno Maçães. »The attack of the Civilization-State«. In: *NOEMA* 15.06.2020.

3 Vgl. Elliot Abrams: *Realism and Democracy*. Cambridge: Cambridge University Press 2017, S. 157.

4 Ebd.

5 www.whitehouse.gov/briefing-room/speeches-remarks/2021/06/13/remarks-by-president-Biden-in-press-conference-2

6 Yascha Mounk: »Democracy in the Defense«. In: *Foreign Affairs* Vol. 100, no.2, März/April 2021.

7 Ebd.

8 Heusgen im Gespräch mit Majid Sattar. In: *FAZ* 18.06.2021.

9 Friederike Haupt, Konrad Schuller. Interview mit Olaf Scholz. In: *FAS*, 29.08.2021. https://www.faz.net/aktuell/politik/bundestagswahl/f-a-s-interview-mit-olaf-scholz-17504591/olaf-scholz-am-dienstag-im-17506274.html

10 Thomas Kleine-Brockhoff. *Die Welt braucht den Westen. Neustart für eine neue Ordnung*. Hamburg: Körber-Stiftung 2019.

Kultur und Demokratie – ein Verhältnis auf Gegenseitigkeit

Die eine hat ohne die andere keinen Bestand

Von Marion Ackermann

Zur Natur von Kunst und Kultur gehört es, dass sie sich nicht in politische Systeme zwingen lassen. Große Kunst kann unter schwierigsten Bedingungen entstehen. In der Tat behaupten manche, diese seien sogar Bedingungen für die Hervorbringung der ganz großen Kunst. Die Erschütterung und tiefe Demut, die uns erfasst beim Anblick von Francis Bacons Kreuzigungstriptychen aus der frühen Nachkriegszeit mit ihren auf das offene Fleisch reduzierten kreatürlichen Wesen oder bei der Lektüre von Texten Paul Celans, der nicht trotz Ausschwitz, sondern wegen Ausschwitz Gedichte schreibt, übersteigt jede andere Kunsterfahrung. In vielen Fällen gelingt den Künstlerinnen und Künstlern aufgrund der äußeren Lebens- und Arbeitsbedingungen erst eine nachträgliche Durchdringung ihres Themas.

Die meisten Kunstschätze, die wir heute bestaunen, wurden nicht unter demokratischen Umständen zusammengetragen. Abgesehen von den unter Bedingungen schlimmsten Unrechts entstandenen oder geraubten Werken, die nun im Zentrum wichtiger ethischer Debatten stehen, fußt ein wesentlicher Bereich unserer identitätsprägenden Kultur auf künstlerischen Erzeugnissen, die in vergangenen Jahrhunderten in autoritären, absolutistischen, monarchischen und keinesfalls demokratischen Systemen geschaffen oder gesammelt worden sind.

Unsere identitätsprägende Kultur beruht auf künstlerischen Erzeugnissen, die in vergangenen Jahrhunderten in autoritären, absolutistischen, monarchischen und keinesfalls demokratischen Systemen geschaffen oder gesammelt worden sind.

Nehmen wir die Sammeltätigkeit der sächsischen Kurfürsten und Könige, Augusts I., genannt der Starke, und seines Sohns August III., als prominentes Beispiel. Sie haben ihren Macht- und Repräsentationsanspruch vorrangig auf Kultur statt auf militärische Erfolge gegründet, mit echter Begeisterung und Liebe für Kunst und Kunsthandwerk und dank reicher eigener Bildung. Aber natürlich zeugt es zugleich von unbändiger Leidenschaft wie grenzenlosem Geltungsanspruch, wenn August III. auf der Leipziger Messe zu Ostern 1742 den weltweit größten geschliffenen, von Natur aus grünen Diamanten mit 41 Karat für eine Summe erwarb, die dem anderthalbfachen Wert der Baukosten der zwischen 1726 und 1743 erbauten Dresdner Frauenkirche entsprach.

Wie schwer es unter demokratischen Bedingungen sein kann, große Ankäufe durchzusetzen, zeigt der Fall des Triptychons *Großstadt* von Otto Dix durch den Stuttgarter Gemeinderat: Ein ganzes Jahr lang wurde in den politischen Gremien und in der Stadtgesellschaft gestritten, bis schließlich im Jahr 1972 der Ankauf besiegelt und 500 000 D-Mark an den Künstler gezahlt wurden. Ganz anders das Vorgehen nur wenige Jahre zuvor im DDR-Regime: Die Vorgängerinstitution der Staatlichen Kunstsammlungen Dresden wollte Dix' Triptychon *Der Krieg* im

Jahr 1968 erwerben, das der Künstler dem Museumsverbund ebenfalls für 500 000 »Westmark« angeboten hatte. Die Direktoren wurden vom Generaldirektor angewiesen, eine gründliche Prüfung der Bestände durchzuführen, um durch Verkäufe die entsprechende Summe zusammenzutragen: Aus der Porzellansammlung, dem Grünen Gewölbe, der Rüstkammer und der Galerie Neue Meister wurden Werke zur Finanzierung des neuen Ankaufs veräußert. In beiden Fällen kann man nur froh sein, dass es in Dresden wie in Stuttgart zu diesen wichtigen Ankäufen kam, durch die jeweils in der Pathosformel des Triptychons so abgründige Bilder deutscher Geschichte bewahrt wurden.

Ein anderer spektakulärer Ankauf war der Raum *Zeige Deine Wunde* von Joseph Beuys im Jahr 1979, initiiert durch das Münchner Lenbachhaus. Im Vorfeld hatte es öffentliche Debatten und persönliche Angriffe gegeben, es tobte der sogenannte Münchner Kulturkampf. Dabei hat Beuys wie kein anderer Künstler und keine andere Künstlerin des 20. Jahrhunderts Elemente der Demokratisierung von Kunst etabliert. Er machte das Museum zum Verhandlungsfeld gesellschaftlicher Debatten, führte das Prinzip der »permanenten Konferenz« ein, erweiterte den Kunstbegriff auf radikale Weise, verknüpfte Kreativität mit politischer Wirksamkeit, ließ jeden Menschen prinzipiell Künstler sein, hat als Künstler die Partei der Grünen mitbegründet. 1970 eröffnete er in Düsseldorf ein Ladenlokal als öffentliches, allgemein zugängliches Informations- und Aktionsbüro. Ein Jahr später gründete er die »Organisation für direkte Demokratie durch Volksabstimmung«, die bis heute Nachwirkungen entfaltet. Die Aktualität von Joseph Beuys, dessen 100. Geburtstag wir in diesem Jahr feiern, liegt in seinem holistischen Blick auf die Welt.

Mit diesen Hinweisen ist indes das Verhältnis von Kultur zu Demokratie und umgekehrt nicht erklärt. Ein Verhältnis, das im Übrigen auch im Hinblick auf die künstlerische Schaffenskraft des einzelnen Künstlers nur wenig hergibt. Wir wissen alle, dass große künstlerische und kulturelle Leistungen zumeist von Obsessionen getrieben werden, von den Leidenschaften einzelner Individuen, die etwas anstoßen, die etwas schaffen, was von vielen Zeitgenossen zunächst oft nicht verstanden oder als überflüssig, unanständig, verrückt, provokativ gesehen wird.

Je stärker der Kulturbegriff auf Kreativität reflektiert, desto offensichtlicher wird die Abhängigkeit von einem demokratisch gesicherten Freiheitsrahmen.

Doch es gilt ebenso, dass ohne schöpferische Freiheit Kunst nicht gedeihen kann – und nur die Demokratie kann sie Künstlerinnen und Künstlern in vollem Umfang bieten. Große Kulturleistungen hat es in vordemokratischen und auch autoritären Staatssystemen gegeben, die oft bewusst als Regimebestätigung eingesetzt wurden. Aber je stärker der Kulturbegriff auf Kreativität reflektiert, desto offensichtlicher wird die Abhängigkeit von einem demokratisch gesicherten Freiheitsrahmen. Dies ist der eine Aspekt, um den es in diesem Beitrag geht.

Der andere fragt danach, was lebendige Kultur für die Demokratie bedeutet und was sie für sie leisten kann und sollte. Demokratische Ordnung beruht ja nicht nur auf den Artikeln ihrer Verfassung, nicht nur auf der Mitwirkung der Bürgerinnen und Bürger am politischen Entscheidungsprozess oder der staatlichen Unabhängigkeit von Medien und Gerichten. Sie braucht auch eine Grundströmung gesellschaftlicher Unterstützung, die erst den Institutionen ihre Legitimität verleiht. Oder in den Worten von Monika Grütters, Staatsministerin für Kultur und Medien in der letzten Regierung Merkel, ausgedrückt:

»Demokratie braucht Beatmung«[1] – vielleicht, da die deutsche Demokratie ja zum Glück noch kein Fall für die Intensivstationen ist, auch
besser: Sie braucht frische Luft, um nicht zu ermatten. Zu dieser notwendigen Belüftung trägt eine lebendige Kultur zweifellos maßgeblich bei.
Aber hat sie auch eine Art Obhutspflicht gegenüber der Demokratie?

Kultur braucht Demokratie

Kunst entsteht, weil sie zum Menschsein gehört, nicht weil sie einer
politischen Verfasstheit folgt. Wo künstlerische Freiheit und der lebendige Austausch zwischen Kunstschaffenden und Gesellschaft bedroht
ist, verlassen Künstlerinnen und Künstler das Land oder flüchten in
die innere Emigration. Immer muss man sich die Fragilität von Kultur
und ganzer Kulturlandschaften vor Augen führen. Man denke an das
Beispiel der Bukowina, eine der vielschichtigsten und blühendsten Kulturlandschaften Europas, von der heute kaum noch etwas zu ahnen
wäre, hätten wir nicht die großartige Dichtung Ossip Mandelstams, Rose
Ausländers oder Paul Celans.

Die Kunstfreiheit ist in Deutschland glücklicherweise ein besonders geschütztes und beschütztes Grundrecht. Es wird als wesentlicher
Bestandteil der demokratischen Grundordnung betrachtet. Von daher
gehört die freie Entfaltung der verschiedensten künstlerischen Positionen heute in großer Selbstverständlichkeit zur demokratischen Gesellschaft. Im Kontrast dazu schützte die Verfassung der Deutschen
Demokratischen Republik zwar formell die Freiheit der Kunst, jedoch
war die Aufnahme in den Verband Bildender Künstler (VBK) das
eigentliche Kriterium für künstlerische Anerkennung. Voraussetzung
hierfür waren ein abgeschlossenes künstlerisches Fach- oder Hochschulstudium oder die durch eine Sektionsleitung des Verbandes bestätigte außergewöhnliche künstlerische Leistung.

Marion Ackermann   193

Der Song »Das ist alles von der Kunstfreiheit gedeckt« des Musikers Danger Dan vom März 2021 spielt mit der Frage, was die Kunstfreiheit abdeckt und was bereits strafrechtlich verfolgt werden kann:

>»Also jetzt mal ganz spekulativ
>Angenommen, ich schriebe mal ein Lied
>In dessen Inhalt ich besänge, dass ich höchstpersönlich fände
>Jürgen Elsässer sei Antisemit
>Und im zweiten Teil der ersten Strophe dann
>Würde ich zu Kubitschek den Bogen spannen
>Und damit meinte ich nicht nur die rhetorische Figur
>Sondern das Sportgerät, das Pfeile schießen kann
>
>Juristisch wär die Grauzone erreicht
>Doch vor Gericht machte ich es mir wieder leicht
>Zeig' mich an und ich öffne einen Sekt
>Das ist alles von der Kunstfreiheit gedeckt«[2]

Mancher, der wegen der politischen Verschwörungstheorien der Neuen Rechten oder strafbaren antisemitischen Äußerungen belangt wird, beruft sich auf die im Grundgesetz verbriefte künstlerische Freiheit. Damit wird, wie Danger Dan hier vorführt, häufig Schindluder betrieben.

In der Pandemie: Kultur nicht systemrelevant?

Vor dem Hintergrund der globalen Erfahrung der Pandemie, angesichts der zahlreichen Corona-Leugner und -Leugnerinnen, Impfverweigerer und -verweigerinnen, der Maskenpflichtdebatten und Verschwörungstheorien und der Aufsplitterung der Gesellschaft in viele

Lager, erscheint die Demokratie besonders fragil und angreifbar. Grenzen mussten wieder gezogen und Freiheiten eingeschränkt werden, der Bewegungsradius definierte sich weitgehend durch das lokale Umfeld, und Informationen aus anderen Teilen der Welt konnten nur noch aus zweiter oder dritter Hand über die Medien gewonnen werden. Auch die Kunst konnte ihre volle Kraft nicht mehr ausspielen, denn die Begegnung mit dem Original ist hierfür Bedingung.

Darüber hinaus kam es zur Erfahrung einer neuen Zeitlichkeit. Erstmals in der Geschichte hatten Museen weltweit innerhalb einer Woche im März 2020 geschlossen. Es war zum absoluten Stillstand gekommen. Von diesem Nullpunkt aus entwickelten sich zwei gegenläufige Tempi: Entschleunigung und – durch Verlagerung in den digitalen Raum – äußerste Beschleunigung. Das Aufeinanderprallen unterschiedlicher Temporalitäten, wie es schon Italo Calvino in *Sechs Vorschläge für das neue Jahrtausend* vorausgesagt hatte, zeigt sich in den aktuellen Herausforderungen der Museen. Da ist zum einen ihre gesellschaftliche Rechenschaftspflicht in Bezug auf ihre (ethische) Haltung zur Vergangenheit und zum Kulturerbe, andererseits die Notwendigkeit, in der Gegenwart unmittelbar und schnell zu reagieren und zu agieren, zunehmend aktivistisch und über Formate wie »rapid responses« beizutragen zur Entwicklung neuer Perspektiven für die Zukunft.

Künstlerische Veranstaltungen wurden als potenziell gesundheitsgefährdend abgesagt und in Zoom-Präsentationen umgewandelt. Die rechtlichen Argumente dafür erschienen oft willkürlich und wenig von der Rücksichtnahme auf künstlerische Belange geprägt.

Die Corona-Pandemie hat schwer zu ertragende Einschränkungen der Kunstfreiheit mit sich gebracht. Künstlerische Veranstaltungen wurden als potenziell gesundheitsgefährdend abgesagt und in Zoom-Präsentationen umgewandelt. Die rechtlichen Argumente dafür erschienen oft willkürlich und wenig von der Rücksichtnahme auf künstlerische Belange geprägt. So ließ der Bayerische Verfassungsgerichtshof mit Urteil vom 22. März 2021 trotz des Pandemie-Lockdowns die Ausübung der Religionsfreiheit und der Versammlungsfreiheit weiterhin zu, das Verbot aber für Kulturveranstaltungen fortgelten. Bei Ersterem handele es sich um eine gemeinschaftliche Grundrechtsausübung derjenigen, die an Gottesdiensten oder Demonstrationen teilnehmen wollen, der Besucher von Kulturveranstaltungen dagegen sei »nicht selbst Träger des Grundrechts auf Kunstfreiheit nach Art. 108 der Bayerischen Verfassung«. Damit sei »eine unterschiedliche Behandlung der beiden Lebensbereiche zu rechtfertigen«.[3]

Nach dieser Auslegung sollen sich nur die Künstlerinnen und Künstler selbst auf das Grundrecht der Kunstfreiheit berufen dürfen, nicht deren Interpreten, nicht ihr Publikum. Hierzu, wie generell zum Umgang mit Kunst und Kultur in der Krise, sollte das letzte Wort noch nicht gesprochen sein. Seit anderthalb Jahren leben wir alle gemeinsam, getrennt voneinander und wieder miteinander in ungewissen Zeiten – die Pandemie lähmt jeden Einzelnen sowie unser aller Gemeinschaft. Während zu Beginn des ersten Lockdowns 2020 noch häufig von angeblichen Vorteilen wie »Entschleunigung« die Rede war und die gewonnene Zeit mit der Familie von vielen dankbar empfunden wurde, ist dies längst von verbreiteten Ressentiments gegen Enge und Handlungsunfähigkeit abgelöst worden.

Der erste Lockdown hatte sich noch konsequent auf alle Bereiche bezogen, im zweiten Lockdown ab November 2020 verhielt es sich schon anders: Es verlief nun, wie es Christoph Bartmann, Leiter des Goethe-Instituts Warschau, beschrieb, eine zitternde, verwackelte Trennlinie zwischen Verbotenem und Erlaubtem, zwischen »systemrelevant« und

»ganz nett, aber eher unbedeutend«[4], die aufgrund der scharfen Kritik und öffentlichen Diskussionen immer wieder neu gezogen wurde und immer mehr Ausnahmen zuließ. Doch für die Kultur gab es keine Ausnahmen. Sie fand sich auf der anderen Seite der Linie wieder. Kinos, Konzerthäuser, Clubs, Opern, Theater, Museen blieben geschlossen. Viele freie Künstlerinnen und Künstler befanden sich in einer oft prekären Lage, die trotz zahlreicher Bemühungen der Regierung, die Verdienstausfälle möglichst schnell zu kompensieren, nur spärlich aufgefangen werden konnte.

Aber die Stilllegung der Kultur in der Pandemie wirft grundsätzlichere Fragen als die finanzielle Absicherung auf: Was sind Kunst und Kultur noch wert? Sind Kunst und Kultur nicht auch systemrelevant für unsere demokratische Gesellschaft?

»Kunst ist unverzichtbar mit existenziellen Fragen des Menschseins verbunden, auch und gerade in Zeiten, in denen Gewissheiten brüchig werden und gesellschaftliche Fundamente sich als fragil erweisen.«

Monika Grütters hat es auf den Punkt gebracht: »Kunst ist nicht nur wohltuende Zerstreuung und Ablenkung, ein Lichtblick im Lockdown … Kunst ist unverzichtbar mit existenziellen Fragen des Menschseins verbunden, auch und gerade in Zeiten, in denen Gewissheiten brüchig werden und gesellschaftliche Fundamente sich als fragil erweisen.«[5]

Warum Kunst und Kultur in guten und schlechten Zeiten systemrelevant sind und durch die Abwehrmaßnahmen gegen die Pandemie nicht erstickt werden dürfen, haben in dem kürzlich erschienenen Band »Kann das wirklich weg?« 57 Kunstschaffende deutlich gemacht. Viele beschreiben darin, welche Bedeutung die Künste für sie persönlich und für eine humane, freiheitliche Gesellschaft haben. Manche verweisen auf die existenzielle Bedeutung der Kultur als sinnstiftendes »Überlebensmittel«. Kübra Gümüsay greift in ihrem Beitrag die bekannten Zeilen von C. S. Lewis aus *The Four Loves* von 1960 auf: »Friendship is unneccesary, like philosophy, like art …. It has no survival value; rather it is one of those things which give value to survival.«[6] Das reine Überleben hängt nicht von der Kunst ab, aber erst durch diese wird dem Überleben ein Wert und Sinn gegeben.

Wie viel Kultur braucht Demokratie?

Kunst und Kultur können ohne die Freiheit der Kunst nicht bestehen, die ihnen nur die freiheitliche Demokratie garantiert. Aber gilt ein ähnlich existenzielles Abhängigkeitsverhältnis umgekehrt auch für die Demokratie? Gewiss nicht in gleichem Maße: Auch eine Banausenrepublik kann eine Demokratie sein. Aber damit ist die entscheidende Frage nicht gestellt: Was können, was sollten Kunst und Kultur der Demokratie bieten, womit können sie ihr, die so wichtig für sie ist, dienen? Hier seien ihre wichtigsten Beiträge genannt:

Sie fördert gemeinsames Erinnern

Für den Zusammenhalt demokratischer Gesellschaften sind Prozesse des aktiven, vielschichtigen Erinnerns unerlässlich. Begreift man Kultur als ein elementares Medium der Verständigung zwischen Menschen in einer offenen Gesellschaft, bildet die Erinnerungskultur die Grundlage. Anne Bohnenkamp-Renken formuliert es so: Notwendig sei die »Auseinandersetzung darüber, wie und woran wir uns erinnern wollen, warum und für wen welche Erinnerungen wichtig sind. Erinnerung zu teilen, ist wesentlich für die Verständigung zwischen Menschen. Verständigung unter denjenigen, die gemeinsame Erinnerungen haben – aber auch und gerade mit denjenigen, die ganz andere Erinnerungen haben. Möglichst viele und unterschiedliche Menschen teilhaben zu lassen an der Erinnerungsarbeit« sei essenziell für eine funktionierende Gesellschaft.[7]

Erinnerung zu teilen, ist wesentlich für die Verständigung unter Menschen. Gut drei Jahrzehnte nach Überwindung der Teilung Deutschlands fällt die Bilanz gemeinsam reflektierter deutsch-deutscher Geschichte nicht sehr positiv aus.

Gut drei Jahrzehnte nach Überwindung der Teilung Deutschlands fällt die Bilanz gemeinsam reflektierter deutsch-deutscher Geschichte nicht sehr positiv aus. Analysiert man beispielsweise die Aufarbeitung der deutschen Kunstgeschichte in West und Ost oder betrachtet die großen Ausstellungen, die Kunst aus 40 Jahren DDR in den letzten Jahren präsentiert haben, so hört man warnende Stimmen, beispielsweise von dem Rektor der Hochschule für Bildende Künste Dresden Matthias Flügge, es verfestige sich gerade ein Kanon, der nichts mit den Wahrnehmungsperspektiven derjenigen zu tun habe, die die Zeit erlebt hätten. Während in den Kunstzentren der westeuropäischen und nordamerikanischen Teile der Welt spätestens seit der Jahrhundertwende intensiv daran gearbeitet wurde, einen versteinerten, eurozentrischen, männlich dominierten Kanon in der Kunstgeschichte aufzubrechen, blieb Ostmitteleuropa – nach wie vor *Terra incognita* – davon weitgehend unberührt. Zugleich bildete sich ein neuer, umstrittener Kanon sogenannter »DDR-Kunst« heraus.

Es wäre nicht richtig, wenn dieser als dominierende Erzählung in den Geschichtsbüchern festgehalten würde. Viele derjenigen, die zu Zeiten der DDR unangepasst oder im politischen Widerstand arbeiteten, sind zudem heute noch als zeitgenössische Künstlerinnen und Künstler aktiv, werden aber das Label der alternativen »DDR-Kunst« nicht los. Sie werden noch immer unter dem Aspekt historischer Bedeutsamkeit für die deutsche Geschichte betrachtet. Else Gabriel verweist auf Künstler wie Ólafur Elíasson, dessen Werke aus den 1980er-Jahren genauso zur Gegenwartskunst gerechnet werden wie seine aktuelle Produktion.[8] Von daher gehört es zu den wichtigen Aufgaben der Kulturverantwortlichen in einer demokratischen Gesellschaft, vorschnelle Festlegungen und Zuschreibungen oder voreingenommene Sichtweisen zu vermeiden und die Prozesse der Kanonisierung – die grundsätzlich nicht zu vermeiden sind – durch eine vorbildliche Gesprächs- und Debattenkultur in Bewegung zu halten. Erinnerung zu teilen, ist wesentlich für die Verständigung unter Menschen. Vor diesem Hintergrund erscheint die deutsch-deutsche Erinnerungsarbeit umso wichtiger.

Sie spornt Debatte und Austausch an

Die vergangenen Jahre haben gezeigt, dass gerade in den neuen Bundesländern öffentliche kulturelle Plattformen des Austauschs existenziell notwendig sind. Sie können nur bedingt durch digitale Kommunikationsangebote ersetzt werden. Die medialen Zuschreibungen an die sächsische Landeshauptstadt Dresden als »Hauptstadt der Debattenkultur« oder »Deutschland unter dem Brennglas« haben dies auf den Punkt gebracht. Ob in der Annenkirche die gesamte Gemeinde über das Altarbild von Marlene Dumas diskutiert hat (»Warum ist der Christus schwarz? Ist es die Hautfarbe oder das Gegenlicht?«) oder auf dem Neumarkt vor der Frauenkirche die drei vertikal aufgestellten Busse von Manaf Halbouni als Mahnmal gegen Gewalt und Zerstörung die Gemüter erhitzte und hierzu im Verkehrsmuseum 150 Personen für je eine Minute ihre Meinung sagen konnten; ob im Albertinum unter dem Motto »Wir müssen reden« Hunderte von Menschen auf der künstle-

rischen Installation »Demos« von Andreas Angelidakis saßen und die
Sichtbarkeit der Kunst ihrer Kindheits- und Jugendjahre einforderten:
In jedem Fall hat die Kunst erfolgreich dazu beigetragen, dass Diskussion in der Stadtgesellschaft möglich wurde. Mit den Jahren wurden
daraus vorsichtige Annäherungen unterschiedlicher Meinungen auf
inhaltlicher wie menschlicher Ebene.

30 Jahre nach der deutschen Wiedervereinigung ist es unabdingbar,
in die Phase eines versöhnlichen, empathischen Austauschs zu treten,
andere Wahrnehmungs- und Erfahrungsperspektiven insbesondere
im Hinblick auf die Geschichte zwischen Ost und West einnehmen und
nachvollziehen zu können. Gemeinsame Erinnerungsarbeit kann sich
auch in Wiederaufbauprojekten manifestieren, sei es bei den Rekon-
struktionen des Geburtshauses Johann Wolfgang von Goethes in Frankfurt nur wenige Jahre nach dem Zweiten Weltkrieg oder der Dresdner
Frauenkirche zwischen 1994 und 2005 und der noch nicht abgeschlos-
senen, für 2024 geplanten Vollendung des dortigen Residenzschlosses.
Große Gemeinschaftsprojekte erfahren hohe symbolische Bedeutung.

Sie immunisiert gegen Verschwörungstheorien

Ein starkes und sehr gewichtiges Argument dafür, dass die Demokratie die Kultur braucht, ist die Erhöhung der Widerstandsfähigkeit, der
analytisch-kritischen Kompetenz und geistigen Unabhängigkeit der
Menschen. Arno Geiger sagt dazu: »Menschen, die sich auf Kunst ein-
lassen, sind geübter darin, dass man sie verführen will, sind geübter darin, sich nicht manipulieren zu lassen. … Niemand ist stärker als eine
Demokratie angewiesen auf Menschen mit Lebenskompetenz. Menschen mit Lebenskompetenz sind diejenigen, die letztlich für Demokratie und Solidarität zwischen den Menschen eintreten.«[9]

Marion Ackermann

»Menschen, die sich auf Kunst einlassen, sind geübter darin, dass man sie verführen will, sind geübter darin, sich nicht manipulieren zu lassen.«

Kunst und Dichtung sensibilisieren. Eine wichtige Funktion von Kultur in der Gesellschaft liegt darin, die Widerstandskraft gegenüber Manipulationen und entsprechenden Umdeutungen politischer Motive und Ereignisse zu erhöhen. Zurzeit häufen sich Berichte über Versammlungen in manchen ländlichen Regionen Sachsens, auf denen Menschen lautstark gegen internationale zeitgenössische Kunst als vermeintliche »Staatskunst« protestieren. Was meinen sie mit diesem Kampfbegriff, der offensichtlich bewusst an die offizielle Auftragskunst der DDR-Regierung anknüpft, wo Kultur als »Waffe des Sozialismus« galt?

Was treibt sie an? Das Gefühl, etwas oktroyiert zu bekommen, das von dem »Staat«, dem sie kritisch bis feindlich gegenüberstehen, mit ihren eigenen steuerlichen Geldern subventioniert und von einer als »elitär« oder »links« wahrgenommenen »Kulturelite« bestimmt worden sei und nichts mit den Bedürfnissen und Kulturpräferenzen der »breiten Masse« zu tun habe. Durs Grünbein hatte 2018 in einem verbalen Schlagabtausch mit Uwe Tellkamp dem Begriff des »Gesinnungskorridors« den des »Cordon sanitaire« entgegengesetzt, der einen durch humanistische, demokratische Werte definierten Raum bezeichnet, innerhalb dessen man sich bewegen, den man aber nicht überschreiten dürfe. Überall in Europa lässt sich beobachten, wie Kulturinstitutionen seit einigen Jahren zunehmend von rechts wie von links als vermeintlich »elitär« attackiert werden.

Sie befördert gesellschaftliches Engagement

Kultur kann wesentlich dazu beitragen, der Demokratie neuen Schwung zu geben, gerade heutzutage, wo vielerorts experimentiert wird, ob und wie man die parlamentarisch-repräsentative Demokratie mit Elementen konsultativer Demokratie oder direkter Demokratie anreichern könnte. Um die gesellschaftliche Teilhabe zu erhöhen, erproben Kulturinstitutionen schon seit Jahren die verschiedensten Facetten von Partizipation: Theater mit ihren Bürgerbühnen, Konzerthäuser mit Laienchören, Museen mit Kinder- und Jugendbeiräten oder mit kokuratierten Formaten und sogar Projekten, bei denen ihre eigene Gestaltungshoheit komplett abgegeben wird.[10] Selbst die etablierten großen Kulturinstitutionen, welche Hochkultur repräsentieren, verstehen ihr gesellschaftspolitisches Engagement als wesentlichen Eckpfeiler ihres öffentlichen Auftrags.

Kulturinstitutionen haben bereits viel Erfahrung mit der Demokratisierung ihrer eigenen Einrichtungen gesammelt und bilden Plattformen für die öffentliche Austragung unterschiedlicher Perspektiven und Meinungen. Alle ethischen Debatten unserer Zeit treffen hier aufeinander, nehmen wir nur das kleine Detail des Gendersternchens. Das bedeutet wiederum, dass die Kulturinstitutionen viele verschiedene Sprachen verkörpern müssen, um die unterschiedlichen gesellschaftlichen Gruppierungen anzusprechen und zugleich auszuhalten, wenn sie aus den jeweils anderen Perspektiven kritisiert werden. Sie haben nun einmal den Auftrag, alle Menschen in unserer Gesellschaft einzubeziehen, erst recht mitten in einer gesellschaftlichen Umbruchsituation.

Die unentbehrliche Kultur

Es gibt Anzeichen dafür, dass erst jetzt, beschleunigt durch die große Krise der Pandemie, der eigentliche Aufbruch in das 21. Jahrhundert stattfindet. Robert Musil hat den empfundenen Epochenwechsel Ende des 19. Jahrhunderts in dem Kapitel »Geistiger Umsturz« im *Mann ohne Eigenschaften* als Auszug aus dem einen Haus, in dem man

sich »wie in einem Hause gehen« lässt, »aus dem man ohnehin aus-
zieht«,[11] und den gleichzeitigen begeisterten Einzug in ein neues, noch
unbenutztes Haus beschrieben.

Wie viel Kultur braucht die Demokratie heute in dieser Umbruchsituation? Die Antwort kann nur sein: so viel wie möglich. Kultur entsteht aus nie abreißenden Begegnungen, die sich einander befruchten
und somit in die Unendlichkeit verweisen. Es ist deshalb jetzt der
richtige, der notwendige Zeitpunkt, sich erneut des Wertes der Demokratie bewusst zu werden, sich in offenem Austausch innerhalb der
demokratischen Gesellschaft kritisch darüber zu verständigen, welche
Aktualisierungen oder neuen Aufladungen notwendig sind, um dieses Gesellschaftsmodell in die Zukunft zu tragen.

Auch wenn die unmittelbare Gegenwart sich erst im geklärten
Rückblick präziser fassen lässt, so steht eines fest: Die demokratische
Gesellschaft wird in der aktuellen Transformation auf die Kultur an-
gewiesen sein – wie umgekehrt die Kultur auf die Demokratie.

Anmerkungen

1 Monika Grütters: »Auch die Demokratie braucht Beatmung – Warum Kunst gerade in der Krise unverzichtbar ist« (Gastbeitrag). In: *Tagesspiegel* 09.05.2021. https://www.bundesregierung.de/breg-de/suche/auch-die-demokratie-braucht-beatmung-warum-kunst-gerade-in-der-krise-unverzichtbar-ist-1752034

2 Aus: Danger Dan: »Das ist alles von der Kunstfreiheit gedeckt«. *Antilopen Geldwäsche* 2021. https://www.antilopengang.de/

3 Entscheidung des Bayerischen Verfassungsgerichtshofs (22.03.2021). https://www.bayern.verfassungsgerichtshof.de/media/images/bayverfgh/23-vii-21-entscheidung-e.pdf

4 Christoph Bartmann: »Ist Kultur ›systemrelevant‹? – Was ist los mit … der Kultur in Zeiten des Corona-Virus?«. Goethe-Institut Polen, November 2020. https://www.goethe.de/ins/pl/de/kul/mag/22047177.html

5 Monika Grütters: »Auch die Demokratie braucht Beatmung – Warum Kunst gerade in der Krise unverzichtbar ist« (Gastbeitrag). In: *Tagesspiegel* 09.05.2021. https://www.bundesregierung.de/breg-de/suche/auch-die-demokratie-braucht-beatmung-warum-kunst-gerade-in-der-krise-unverzichtbar-ist-1752034

6 Kübra Gümüşay. C. S. Lewis: »Das Herz, intakt, im Takt«. In: Marion Ackermann, Jörg Bong, Carsten Brosda, Gesine Schwan (Hg.): *Kann das wirklich weg? 57 Interventionen für die Kultur*. Berlin: Ch.Links Verlag 2021, S. 88.

7 Anne Bohnenkamp-Renken: »Lebenswichtig«. In: Marion Ackermann, Jörg Bong, Carsten Brosda, Gesine Schwan (Hg.): *Kann das wirklich weg? 57 Interventionen für die Kultur*. Berlin: Ch.Links Verlag 2021, S. 22.

8 Vgl. Elke Buhr (04.02.2018): »Es spielt eine Rolle, wer woher kommt«. In: *Monopol. Magazin für Kunst und Leben*. https://www.monopol-magazin.de/performance kuenstlerin-else-gabriel-DDR-museum-barberini

9 Arno Geiger: »Nachdenken über den Rechenstift«. In: Marion Ackermann, Jörg Bong, Carsten Brosda, Gesine Schwan (Hg.): *Kann das wirklich weg? 57 Interventionen für die Kultur*. Berlin: Ch.Links Verlag 2021, S. 68.

10 Gaby Schlag, Benno Wenz: »Die Zukunft der Demokratie. Mehr Teilhabe von unten wagen«. Deutschlandfunk Kultur. https://www.deutschlandfunkkultur.de/die-zukunft-der-demokratie-mehr-teilhabe-von-unten-wagen.976.de.html?dram:article_id=468341

11 Robert Musil: *Mann ohne Eigenschaften*. Bd. 3. Hg. Anaconda Verlag. Köln 2013.

Über Herausgeber und Autorinnen und Autoren

Marion Ackermann, geb. 1965 in Göttingen, ist seit 2016 Generaldirektorin der Staatlichen Kunstsammlungen Dresden. Von 2003 bis 2009 war sie Direktorin des Kunstmuseums Stuttgart, von 2009 bis 2016 Direktorin der Kunstsammlung Nordrhein-Westfalen. Sie hat zahlreiche Projekte mit internationalen Künstlerinnen und Künstlern des 20. und 21. Jahrhunderts initiiert. Marion Ackermann ist stellvertretende Vorsitzende der Bizot Group, Mitglied des Internationalen Beirats der Eremitage (Petersburg), des Präsidiums des Goethe-Instituts und des Senats der Deutschen Nationalstiftung.

Xiaoqun Clever, geb. 1970 in China, hat über 20 Jahre Erfahrung als Technologiemanagerin. Sie hatte verschiedene leitende Positionen in internationalen Konzernen inne, unter anderem bei SAP, ProSiebenSat1 Media und beim Schweizer Medienkonzern Ringier, von wo aus Clever als Chief Technology & Data Officer maßgeblich daran beteiligt war, die Medienbranche zu digitalisieren und in neue Dimensionen in Sachen Big Data und KI zu führen. Für ihre Arbeit wurde ihr eine Reihe von internationalen Auszeichnungen verliehen. Heute begleitet sie als Aufsichtsrätin verschiedener internationaler Unternehmen, wie zum Beispiel Infineon, die digitale Transformation auf strategischer Ebene.

Ottmar Edenhofer, geb. 1961 in Gangkofen, ist Direktor und Chefökonom am Potsdam-Institut für Klimafolgenforschung (PIK) und Direktor des im Jahr 2012 gegründeten Mercator Research Institute on Global Commons and Climate Change (MCC). Seit 2008 ist er zudem Professor an der Technischen Universität Berlin und gilt als einer der weltweit führenden Experten für die Ökonomie des Klimawandels. 2020 zeichnete ihn die Deutsche Bundesstiftung Umwelt (DBU) mit dem renommierten Deutschen Umweltpreis für seine wissenschaftliche Arbeit aus.

Ines Geipel, geb. 1960 in Dresden, ist Schriftstellerin, Publizistin und Professorin für Verskunst an der Berliner Hochschule für Schauspielkunst »Ernst Busch«. Die ehemalige Weltklasse-Sprinterin floh 1989 nach ihrem Germanistikstudium aus Jena nach Westdeutschland und studierte in Darmstadt Philosophie und Soziologie. Sie hat vielfach Publikationen zu gesellschaftlichen Themen vorgelegt und damit immer wieder Debatten angestoßen. Zuletzt erschien *Umkämpfte Zone. Mein Bruder, der Osten und der Hass*. 2020 erhielt sie den Lessing-Preis für Kritik, 2021 den Marieluise-Fleißer-Preis. Sie ist Mitglied im Senat der Deutschen Nationalstiftung.

Thomas Mirow, geb. 1953, aufgewachsen in Paris, promovierte in Bonn bei Karl Dietrich Bracher über Frankreichs Europapolitik (1975). Viele Jahre arbeitete er für Willy Brandt, bevor ihn Klaus von Dohnanyi nach Hamburg holte, wo er später ein Jahrzehnt als Senator wirkte. Nach einer Station im Kanzleramt als wirtschaftspolitischer Berater von Gerhard Schröder, wechselte er als Staatssekretär ins Bundesfinanzministerium. Anschließend leitete er die Europäische Bank für Wiederaufbau und Entwicklung in London. Heute nimmt Thomas Mirow eine Reihe von Aufsichtsratsmandaten wahr und ist Vorstandsvorsitzender der Deutschen Nationalstiftung.

Armin Nassehi, geb. 1960 in Tübingen, lehrt seit 1998 Soziologie an der Ludwig-Maximilians-Universität München. Er ist Herausgeber der Kulturzeitschrift *Kursbuch* und Autor zahlreicher Bücher, wie zum Beispiel *Muster – Theorie der digitalen Gesellschaft* (2019), *Das große Nein – Eigendynamik und Tragik des gesellschaftlichen Protests* (2020) oder *Unbehagen – Theorie der überforderten Gesellschaft* (2021). Er gehörte dem »Expertenrat Corona« der nordrhein-westfälischen Landesregierung an und wurde 2020 in den neu eingerichteten Bayerischen Ethikrat berufen. Er ist Mitglied im Senat der Deutschen Nationalstiftung.

Janusz Reiter, geb. 1952 in Kościerzyna, ist polnischer Diplomat und Publizist. Er studierte Germanistik an der Universität Warschau und begann seine berufliche Laufbahn 1977 als Journalist. Von 1990 bis 1995 war er als Botschafter Polens in Deutschland maßgeblich an der Neugestaltung der polnisch-deutschen Beziehungen beteiligt. 1996 gründete er das Zentrum für Internationale Beziehungen in Warschau, einen unabhängigen Thinktank für Außen- und Sicherheitspolitik. 2005 wurde er zum Botschafter in den Vereinigten Staaten ernannt. Nach seiner Rückkehr 2007 arbeitete er als Polens Sonderbeauftragter für den Klimawandel. Er ist Mitglied im Senat der Deutschen Nationalstiftung.

Dennis J. Snower, geb. 1950 in Wien, ist ein amerikanisch-deutscher Wirtschaftswissenschaftler, Präsident der Global Solutions Initiative, ein Thinktank, der unter anderem die G20 berät. Er ist Professor für Makroökonomie und Nachhaltigkeit an der Hertie School of Governance. Von 2004 bis 2019 war er Präsident des Instituts für Weltwirtschaft in Kiel. Er war Gastprofessor an vielen Universitäten, darunter Columbia, Princeton, Dartmouth, Harvard, das European University Institute, die Universität Stockholm und das Institute for Advanced Studies in Wien.

Laura Spinney, geb. 1971 in Großbritannien, ist eine preisgekrönte britische Wissenschaftsjournalistin und Romanautorin. Sie schreibt für den *National Geographic*, *Nature* und den *Economist*. 1996 wurde sie mit dem Margaret Rhondda Award für Journalismus ausgezeichnet. Ihr Buch *Rue Centrale* (2013) erschien auf Englisch und Französisch und ihr Bestseller 1918 *Die Welt im Fieber – Wie die Spanische Grippe die Gesellschaft veränderte* wurde in 18 Sprachen übersetzt.